子どもが自ら夢を叶える力を育む「子育て法」42選

教育スペシャリスト
子育て／教育現場を支援するスペシャリスト
からのアドバイス

次代を担える「自立した子ども」を育む会・編

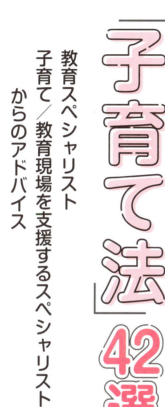

はじめに

現代社会は、将来の見通しが立てづらいＶＵＣＡ（ブーカ）の時代と呼ばれていますが、まさに国際情勢も国内の政治・経済も目まぐるしく変化しており、日々の仕事や暮らしにおいては、数年先の予測さえ難しいというのが現状ではないでしょうか。

なかでも、ここ数年は生成ＡＩの加速度的な進化によって、人類がかつて経験したことのないような現実が次々と生まれてきています。このような激変の時代に、若い人たちが力強く生き、広く世界で活躍するためには、従来の画一的な知識詰め込み型の教育ではなく、主体的に学び、考え、行動できる「自立した人材」を育成する子育て・教育方法が求められています。

学習指導要領も約10年ぶりに見直され、小学校では2020年度、中学校では2021年度から新学習指導要領が全面的に改訂されましたが、そこで強調されている「生きる力を育む」といった教育指導の潮流も、主体性を伸ばす子育て・教育方法がいかに大切かを如実に裏づけているものといえます。

そこで、このたび当プロジェクト（次代を担える「自立した子ども」を育む会）では、おもに幼児から中学生までの子どもたちが、学ぶことに興味を持って、自発的に学びを進めていくための秀逸なコンテンツをお持ちの先生方に各方面からお集まりいただき、その考え方やノウハウを、『子どもが自ら夢を叶える力を育む「子育て法」42選』というタイトルの一冊の書籍にまとめました。

「子どもが自ら夢を叶える力を育む」という観点から日々ご尽力されている教育家・教育コンサルタントの皆さまの意見や指針などは、教育現場にいらっしゃる先生方のみならず、ご家庭で日夜お子さまの夢を応援されている保護者の皆さまにとりましても、必ずやお役立ていただける内容かと自負いたしております。

さらに本書では、教育方法論の専門家に加えて、教員や保護者の方々をメンタル面、身体の健康面でサポートできる専門家の先生も併せてご紹介しております。

インターネットが隆盛な昨今では、自分の課題に適した情報を探し出そうとしても、膨大な情報の中から自分のニーズにベストな教育家や教育コンサルタントを見つけ出すのは、かなり至難の業《わざ》といえましょう。そこで本書が、子どもの健全な将来を願う保護者や教員の皆さまにとって、ベストなアドバイザーと出逢えるための縁づくりの良書となり、また方向性を見定めるガイドブックとして広くご活用いただければ望外の喜びに存じます。

【本書の特長】

その1：どこからでも読み進めることができる

本書は、一人ひとりの執筆者が、それぞれご自身の強みとするテーマについて、ポイントを簡潔にまとめている構成になっていますので、読者の皆さまは巻頭の目次をご覧いただいて、関心のあるテーマ（タイトル）から読み進めていってください。一冊まるごと読まなければいけないといった気負いも無用です。どのページからでも、まずはお気軽に読み始めていただければ幸いです。

その2：講師・コンサルタントの先生の選定に便利

子育てや教育方法に関する勉強会などを主催している方で、講師やコンサルタントの先生をお探しの方は、各著者が書いたコンテンツによって、その先生の考え方や人となりなどを推し量る参考としていただけます。

その3：気になった著者に直接連絡することが可能

現在、子育て・教育方法について悩みを抱えている方で、本書の内容を読まれてさらに詳しく知りたい、アドバイスを受けたいというご要望がございましたら、それぞれの本文の最後に掲載している著者プロフィールをご覧ください。そして、掲載されているホームページやメールアドレスに問い合わせをしてみてください。あなたの悩みを解決してくれる良い出逢いが待っているかもしれません。

２０２５年3月

次代を担える「自立した子ども」を育む会

※各執筆者のプロフィール内容における実績や情報等は、２０２５年3月現在のものです。

子どもが自ら夢を叶える力を育む「子育て法」42選　目次

第1章 学力が向上する育て方へのアドバイス

第2章

人間力(知・情・意・体)が向上する育て方へのアドバイス

第3章

お子さん・保護者・教師の心身の健康へのアドバイス

第4章

保護者が自信と勇気を持てる心構えや考え方へのアドバイス〈その1〉
～子育て／教育への心構え・考え方編～

第5章

保護者が自信と勇気を持てる心構えや考え方へのアドバイス〈その2〉

～子育て法／教育法の紹介編～

第6章

おもに教育関係者（教師・教育指導者・教育機関経営者）や子どもの育成環境を支援する人や団体からのアドバイス

装幀　梅沢博（アリクイズム）
図版作成　村野千草（bismuth）【１０９、１１０ページ】

第1章

学力が向上する育て方へのアドバイス

子どもの持つ無限の可能性を信じ抜く

株式会社安藤塾 代表取締役　安藤大作

◆無限の可能性を引き出す

私は1991年、22歳のときに三重県で安藤塾を創業し、現在、安藤塾は三重県内に十数の校舎を展開する県内トップクラスの塾に成長しています。また、子どもの学びには幼少期の親子関係こそが大切であると考え、保育園を設立し、現在は7施設を運営していま す。さらに、サッカークラブチームを設立し、指導者として全国大会出場も果たしていま す。

さて、そんな私また安藤塾が何より大切にしているのは「心の教育」です。

「人は無限の可能性を持っている」。これは私の揺るぎない信念です。

しかし多くの子どもたちは、「自分はできない」「勉強は楽しくない」などといった思い込みに縛られ、本来の可能性を発揮できずにいます。

そんな子どもたちに「自分の思い込み次第でどこまでも伸びる」と気づいてもらいたいと思っています。そうすれば自然とやる気になり、成績も上がっていきます。

子どもたちの無限の可能性を引き出すために、安藤塾では子どもとの信頼関係をとても大切にしています。「この人は自分の話を聞いてくれる。自分を信じてくれる。どんな時も味方でいてくれる」と信じられる大人と出会えれば、子どもたちは、安心して羽ばたいていくことができるのです。

◆成長を阻む〝思い込み〟を取り除く

安藤塾では、**①思い込みの殻を破る、②感謝、③志**の3つを教育方針としています。

①思い込みの殻を破る

子ども自身の「自分はできない」「どうせ自分はダメだ」という思い込み、そして「自分は愛されていない」「親は自分を認めてくれない」という思い込みが、子どもの可能性に蓋《ふた》をしています。子どもが本来の力を発揮するためにはその殻を破ることが重要です。

例えば安藤塾では、「生まれ変わり合宿」を実施します。

「生まれ変わり合宿」では、その子がかつて勉強で躓《つまず》いた学年にさかのぼり徹底的にやり直すことで、苦手意識を払拭《ふっしょく》します。そして、自分の過去の解釈をポジティブに書き換えて現在の学年に戻っていくという合宿です。同学年の子どもとは徹底して隔離することで、新しい自分に出会う合宿です。「苦手という思い込みの殻を破れる」と毎回好評をいただいている伝統の合宿です。幼い頃に親に言われた言葉、兄弟と比較された経験、同級生との比較から思い込んだ自分自身の設定、それらの思い込みのなかで日々、無意識に生きているから、いつしかその思い込みが固い殻になって自分の成長の邪魔をします。それぞれの子はそれぞれの背景のなかでそれぞれの殻を持っていますから、そこを見極めて、「キラキラした本当のその子の可能性」を心の底から信じきること自体を「指導」と捉えています。目の前の子を信じることなしに「指導」はあり得ません。技やスキルを教えることが指導ではなく、その子自身に真の力を気づかせていくことが「指導」です。

②感謝

安藤塾では、「感謝ノート」も書いてもらっています。これは、毎日5つ以上「○○さん、○○ありがとう」というようにノートに書き続けていくことです。周りから向けていただいている優しさも、意識しないと気づかないことが多々あります。周りからの優しさに気づく習慣が身につけば、次にはその自分に向けられた優しさにより、自分自身の存在にも自信が持てますし、また、その恩を返すために自分にはいったい何ができるだろうという「志」の力も生まれます。

③志

「お金持ちになりたい」「○○になりたい」といった「夢」は、頑張る第一歩にはなり得ますが、途中思い通りにならなかったり、苦しくなったりすると、あきらめるということにもつながりやすいものです。自分のためになることだけを目指しているからではないでしょうか。

一方で、誰かを笑顔にしたい、誰かを助けたいといった、自分以外の何かのためになることを目指していると、途中で思い通りにならなかったとしても簡単にあきらめるわけにはいきません。人は自分以外の何かのために行動することで何かを起こせます。それを無我夢中でやるときにこそ、無限の可能性が発揮されると思っています。その自分以外の何かのために行動することこそ、「志」だと思っています。安藤塾では、受験生に「君の志は何か？」を問います。「医者になって難民の子どもを救いたい」でも、「自分の親や祖父母の笑顔を見たい」でもいい。何か志を持って受験に臨むことで、簡単にはあきらめず、また奇跡の合格も生まれやすくなります。

「自分のため」だけで受験をする人は、ちょっと模擬試験の結果が悪いとすぐに気持ちが萎《な》えてしまいがちですが、「志」で受験をする人は、模擬試験の結果がどうであれ、一喜一憂することなく淡々と頑張ることができます。その底力が「無限の可能性」なのです。

安藤塾では、志を持った受験生が、多くの「奇跡の合格」を果たしています。

◆私が塾を始めた理由

幼い頃に両親が離婚し、養護施設さながらの環境下で育った私は、孤独でみじめな気持ちに押しつぶされそうな幼少期を過ごしました。そんな気持ちを振り払うためにも承認欲求ばかりに振り回され、心はいつも冷えきっていました。そして親にも愛されなかった自分には生きている価値もないと感じ、21歳の時に自ら命を絶つことを決意しました。台風が直撃していたその夜、私は無我夢中で外に飛び出し暴風雨の中をさまよいました。そこで私は死ではなく母親と真正面からぶつかることを決めました。幼い頃からの自分の本当の気持ちをノートに書き始めました。

1カ月、2カ月が経ち、私はノートに書き連ねた自分の気持ちを母に伝えようと決心します。「会いたい」と初めて自分から連絡した私のただならぬ様子に、母もすぐに東京から駆けつけてきてくれました。生まれて初めて私は母と向き合い、一晩中話し合いました。私が今までどんな気持ちで生きてきたか。私は本音を母にぶつけることが恐怖でした。縁が切れるかもしれない、そう思うほどでした。しかし、その夜わかったことは「母がどれほど私を愛してくれていたか」ということでした。

翌朝、始発で東京に発つ母を見送った後、帰り道に私が見た街の風景はこれまで見てきたものとはまるで別モノで、あまりにもすべてが美しく輝いて見えたのです。こんなことがあるのかと、本当に驚きました。それと同時に、この地球に対する心からの感謝の思いが溢れてきたのです。優しさに包まれ、宇宙と一体になったような不思議な感覚すら覚えました。考え方次第で人は変われる。人は無限の可能性を持っている。そう確信しました。

そのことを伝えたくて、８畳一間で開塾したのです。

あれから34年。塾経営のほかに、経済産業省委員、文部科学省委員、教育立国推進協議会幹事役員、総務省委員を務め、現在は全国学習塾協会会長、日本民間教育協議会会長も兼務させていただいています。

「人は無限の可能性を持っている」という理念を貫き、偏差値至上主義に偏りすぎず、精神的に豊かな教育を全国に展開したいと考えています。

安藤　大作（あんどう だいさく）

◆キャッチコピー

感謝・志を大切にし、子どもの無限の可能性を引き出す

◆プロフィール

両親と暮らせない過酷な幼少期を経て、22歳で安藤塾を創業。現在は三重県内に17校舎を展開。保育園6施設を運営。スポーツではサッカークラブチームを設立し、指導者として全国大会に出場している。子どもが豊かに育つ建築デザインの監修。著作も多数。地元のテレビ・ラジオでも活躍中。全国学習塾協会会長、日本民間教育協議会会長も務めている。

◆提供しているサービス内容

塾経営・保育園経営のほか、子育て相談のラジオ番組、テレビのニュースコメンテーター。講演会多数。テーマは「子育て相談」「ＰＴＡの在り方」「これからの日本の教育」「子どもたちの無限の可能性の正体」など。

◆参考情報

役職一覧：社会福祉法人むげんのかのうせい理事長／（公社）全国学習塾協会会長／日本民間教育協議会会長／（公財）日本数学検定協会評議員／情報経営イノベーション専門職大学 客員教授／㈱スタディプラス社外取締役／（公社）日本ＰＴＡ全国協議会元副会長／経済産業省「『未来の教室』

と EdTech 研究会」元委員／文部科学省「不登校に関する調査協力者会議」元委員／教育立国推進協議会幹事役員／総務省「教育分野におけるＰＤＳの技術的要件等に関する調査研究」における有識者構成員

◆連絡先

①ホームページ

安藤大作ホームページ

安藤塾ホームページ

（安藤大作）　（安藤塾）

未就学児〜小学校低学年こそが大切。学び方がわかる！ 身につく!!『ひらめきメソッド』

株式会社総志学舎代表　上田総人

◆Ⅰ 前職時に感じた学習意欲の個人差への気づきから学習塾開業へ

①直面した保護者の悩み

「子どもがなかなか自分から机に向かわない」「計算問題はできるけれど、文章題になると解きたがらない」等は、約20年以上にわたる小学校・中学受験の指導経験のなかで、最もよく耳にする保護者の方々の不安の声です。

なぜ、多くの子どもたちは、学習意欲が続かず考えることをあきらめがちになり「自分から机に向かわない」のでしょうか？　多数の児童・生徒たちはどうして、「計算問題は得意だけれど、文章題になると解きたがらない」のでしょうか？　この理由を考えるところから、ひらめき教室&涵養塾《かんよう》はスタートしました。

②きっかけ

大学時代の友人の子息に小学校受験をした子がいて、その指導をしたのを転機に、自分にしかできない道を模索するなか、縁あって幼児教育の学習塾・㈱伸芽会に入社しました。大学卒業後、長年法曹の道を志していた身にとっては、未知の状態からのスタートで、驚きと発見の連続。研修期間を終え、授業の補佐を経て最初に担当したクラスが、就学準備講習（秋の受験終了後、翌年４月の小学校入学に向けて準備するクラス）でした。小学校入試を経験した子どもの大半は、ひらがなや数字くらいは書けると斜《しゃ》にかまえていますが、書き順や字のバランスは目を覆うばかり。こちらからの問いかけには、「それ知ってる」「できる」と本人たちは受け答えするものの、どれも中途半端な答えの出し方です。

どのように導けば、「知っていることと、できることとは違う」を明確に伝えることができるか、随分と考えさせられたとともに、今も当初の子どもたちの姿が脳裏に焼きついています。そんな時に戻る原点は、**「子どもをよく観察すること。何が必要かは子どもが教えてくれる」「何がわからないのか子どもに聞けば、子どもは教えてくれる」**というある大先輩のアドバイスがありました。

指導者に求められる力とは、見抜く力、耳を傾ける力ｅｔｃ．……そうすると、いろいろなことが見えてきました。『心の聲《こえ》』が少しずつ聞こえてきました。「なぜ、学習意欲が持続し考える子と、学習意欲が低下し考えることをやめてしまう子がいるのか」に気づき疑問に思えたのも、実はここにルーツがあります。この『気づき』を心の支えに退社を決意し、先人・先達のご教示を胸に刻み、教育理念の実現に向けて協働してくれる仲間と共に埼玉県川口市にて学習塾を起ち上げました。

◆Ⅱ 考えない子どもの先にあるもの ～文章題が苦手になる理由～

通常、未就学児～小学生低学年の間に、日常生活や学校での活動のなかでいろいろな体験を積んでいきます。この実体験と数式という抽象的な世界が言葉を通してつながり、自分の考えを説明できる子であれば、言葉が文字に置き換わった文章題においても意味を把握しやすいはずです。

文章とは、文字で書かれた内容をくみ取りながら読むものです。自分の言葉で理解したことを話せる子であれば、一つひとつの書かれた文字の意味がわかりさえすれば、自分で読み解いていくことができます。逆に自分の考えを言葉で説明できない場合、過去の体験と抽象的な数式とがうまく言葉でつながっていないため、ほとんど例外なく文章題を解きたがりません。

「赤鉛筆を８本、青鉛筆を２本持っています。赤鉛筆は青鉛筆より何本多いですか」

パターントレーニングに慣れ親しみ、＋は足し算 －は引き算 としか考えない子どもは、過去の具体的な体験と抽象的な数式の世界が言葉でつながっていないため、内容を言葉で把握させる文章題を避けるようになります。そして、深く考えることなく「多い」と書いてあるから足し算だと思ったり、自分で考える代わりに「お母さん、これ足し算？引き算？」と必ず聞いてきます。そしてお母さんが真剣に問題文を読んで、「そんなの引き算に決まっているじゃないの」と返事をしてしまいます。

これでは考えようとしなくなります。でも、現実に起こりがちなのです。

◆Ⅲ　解決策として私どもが提案できること

世の中の未就学児〜小学生向けの教育サービスを見直すと、同じパターンの問題を繰り返し解き続けると、計算は確かに速くはなりますが、考えなくなる頻度が高くなり、一定の学習方法に慣れ親しんだ児童（生徒）にその傾向が顕著であることに気がつきました。

【計算1】同じパターンの問題例

1＋6＝7	3＋5＝8	7＋2＝9	5＋4＝9
2＋7＝9	7－2＝9	5－3＝8	6－2＝8

私どもが定義している『パターントレーニング』とは、上記のような設題を繰り返すことです。これらの式にある解答例を、数多く見てきました。途中までは考えて取り組んでいても、どこかの瞬間から考えずに答えを書いてしまうのです。

実際、このような解答をする子どもに、「1＋1＝2　2＋3＝5ってどういう意味ですか」と質問してみると「そう決まっている」と答えるケースがほとんど。間違いではないのですが、ただ、時折「先生が言いたいのはこういうこと？　私がアメを2個持っていて、お母さんから3個もらったら全部で5個だから、それを式で書くと2＋3＝5。どうですか」と自ら説明できる子がいます。この場合はそれほど心配することはありません。自分で考えるとはどういうことかをしっかりと理解できているからです。問題は、反応すらできずに黙り込む子です。そこで、我々は「考えなくても解ける」というパターントレーニングの課題の解決を目指した「**対話力重視型の考えさせる**」独自のカリキュラム（ひらめきメソッド）を開発しました。詳細は、ぜひともホームページをご覧ください。これらの要点すべてが、具体的な体験と抽象的な概念の橋渡しとしての言葉を育成す

ぐんぐん身につく方法論　ひらめきメソッド３つのポイント

る工夫となっています。

◆Ⅳ　言葉で説明できることから導かれる『読み解く力』

①ひらめきメソッドから『読み解く力』へ

このひらめきメソッドを通して、過去の実体験と数式という抽象的な世界が言葉を介してつながり、自分の考えを説明できる子であれば、言葉が文字に置き換わった文章題においても意味を把握しやすくなるはずです。

ただ、それだけでは自ら文章を読み進めるには少し足りません。なぜなら、学習が進むにつれて経験したことのない言葉や概念が次々と出てくるからです。

『読み解く力』とは、言葉そのものが持っている意味を場面に応じながら把握し、自らの力で解決までの道筋をたぐり寄せる力のことを言います。単に文字を読むだけでなく、文章の流れや図表、さらには身の回りの出来事からの情報を正確に理解し、自身の考えを論理的に表現していくことです。国語であれ、算数であれ（社会・理科も）、文章で書かれたものにはすべて意味が込められています。

当教室（塾）の授業においても、**「必ず問題文の中にヒントがある」**ということを理解したうえで、わからない言葉をいろいろなやりかたで調べ、そこから得られた情報をもとに、改めて問題の意図を『読み解く』指導を実践しています。しかし、その定着には個人差があるのも事実です。わからない言葉や概念に出合ったときに、そのまま素通りして気づかない子どもと、すぐに疑問を感じ取り辞書や辞典に自発的に手が伸びる子どもとでは『読み解く力』に差がついていきます。個々の理解度に合わせて、いろいろな角度から『読み解く』ことを、広げ、深め、使いこなす力を強化していきます。

②自分から学びの歩みを始めるために【目指す子ども像】

子どもたちの『何か気づいたぞ！　わかった！　ひらめいた！』というときの表情に、私はかけがえのないものを感じてきました。

教室の名前に「ひらめき」を入れたのも、子どもたちの表情が変わるひらめきの瞬間を大切にしたいという強い想いからです。しかし、ひらめきは一瞬です。ひらめく一瞬（気づき）を導き出し定着させるためには、地道な取り組みが必要です。草木が水や栄養分をじっくりと吸い上げるように、時間をかけ養い育てる涵養の精神は、塾名の由来にもなっています。**『わかった！　ひらめいた！』という一瞬（ひらめき）の理解のつながりと、それを定着させるための日々の地道な取り組み（涵養）。**この二つの軸があれば、子どもたちは自分から学びの歩みを始めると信じております。そのうえで、今後も教室という『場の力』を最大限に活用し、日々の授業を通して個々の学びの歩みをサポートしていく所存です。

上田　総人（うえだ　のぶひと）

◆プロフィール

株式会社総志学舎 代表
教育アドバイザー／ひらめき教室・涵養（かんよう）塾運営
奈良智辯学園中高一貫校卒業／東京大学文科一類に現役合格／東京大学法学部卒業
幼児教育の学習塾 伸芽会にて約20年間の受験指導実績を持つ。

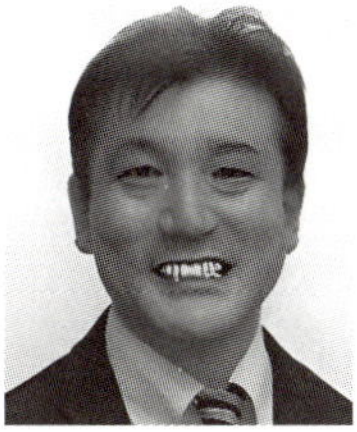

◆提供しているサービス内容

学習教室／進学指導塾／学童クラブ／受験指導（小中高）
幼稚園および保育園での課外授業・保育指導中の『ひらめきメソッド』授業プログラム提供と実施
漢字検定と算数検定の準会場として定期的に教室&塾内での完結型受検を実施

◆参考情報

［所有資格］漢字検定準1級

◆講演、研修、コンサルティング依頼者・相談者へのメッセージ

集団塾と個別塾のハイブリッド『子別授業』を展開。個々のペースで学習していくスタイル。一人ひとりに合わせた個別カリキュラム対応の進学指導を行っています。

◆連絡先

①ホームページ
　総志学舎
②SNS
　YouTube：総志学舎チャンネル
③メールアドレス　info@hirameki.jp

（お問い合わせ）　（HP）

「ダルい」「意味ない」がログセになっていませんか？

北山　淳

中学生の保護者の皆さま、ご子息・ご息女はしっかり勉強に取り組めているでしょうか。部活動に時間を割いたり、ゲームやスマホに長い時間を費やしてしまったり、自分がやるべき勉強に十分に取り組めていないケースがほとんどではないでしょうか。

親の立場から子どものことを考えて勉強するように促してみても、中学生ともなると反抗期を迎え、「ダルい」「勉強なんて意味ない」という言葉と共に一蹴されてしまうことでしょう。そのなかで、「子どもの勉強への意欲をどう引き出すか」というテーマは、非常に重要かつ難しいテーマだといえるでしょう。

◆知的好奇心は重要！　だけど……

「知的好奇心を育てましょう」。教育・子育ての現場で、しばしば耳にするフレーズです。確かに勉強の成果を上げるためには、知的好奇心を育てることは重要です。

しかし、反抗期の中学生に「何かに興味を持ちなさい」と言うのは、ほとんど無意味です。この時期の子どもは大人が勧めるものを本能的に拒絶する傾向があり、「自分で選びたい」という欲求が最優先されます。したがって、中学生年代において知的好奇心を育てることは非常に難しい挑戦となるでしょう。子ども自身の興味を引き出す環境を整えることは大切ですが、この時期に無理に興味を引き出そうとしても、かえって子どもの反発を強めてしまう可能性があります。

また、自分の興味がある科目だけを勉強すればよいというわけにはいかず、英語や数学、生物や歴史など幅広く学ばなくてはいけません。生物しか興味がない子に「歴史に好奇心を持て」と言ってもそれは無理な話ですし、興味がある科目でも学問的なおもしろさを感じられるほど深掘りして学ぶ機会はほとんどありません。つまり、そもそも興味がないものに対していかにして取り組んでもらうか、ということを考えなくてはならないのです。

◆勉強の必要性は伝わらない！

知的好奇心に頼るのは、多くの場合、戦略として無理があると言わざるを得ません。

必要性を伝えることで勉強の意欲を引き出そうというアプローチもよく見られます。高校生年代など、将来のことを現実的に考えられる場合には有効ですが、反抗期の中学生に「勉強しないと将来困る」「良い学校に行くためには必要だ」といった言葉では、期待した効果は得られないでしょう。この時期の子どもは、親や教師の言葉に反発し、自分の価値観を優先しようとする傾向があるからです。

さらに、必要性という抽象的な概念では、実感が湧きにくいことも一因となります。子どもにとって、将来の進路や社会での成功といった話題は遠く感じられ、具体性を欠いた説明では心に響きません。むしろ、それを押しつけられることで反感を持ち、意欲がさらに低下するケースも少なくありません。この状況では、別のアプローチを考える必要があります。

◆重要なのはわかりやすい結果

知的好奇心を持たせたり、勉強の必要性を理解してもらったりすることが難しいなか、どのようなアプローチを取るべきなのでしょうか。結論からお伝えすると、子どもが学習に前向きになるためには、**明確な成果を実感させることが効果的**です。わかりやすい結果が出ることで、子どもは「やればできる」という自信と達成感を感じることができ、次の勉強への意欲につながります。勉強本来の目的（＝おもしろいから学ぶ、必要だから学ぶ）を追いかけるのが難しいなかで、勉強の目的を上手にすり替えてあげるのです。

ここでポイントとなるのが、次の３つです。

1．短期間で結果が出やすいものを課題にする

保護者の関心は学校の定期テストや模試に向いているかと思いますが、勉強への取り組みが不十分な段階では、「次のテストで○点を取ろう」「次の模試では偏差値○○を目指そう」といった目標はクリアするのが難しく、達成感につなげることができません。定期テストや模試で良い結果を出そうとすると、あれもこれもやらなくてはいけないからです。漢字テストや英単語テスト、あるいは数学の簡単な小テストなど、短期間の努力で成果につながるものを課題にするとよいでしょう。

2．達成可能な目標を数値化する

「英単語テストで7割以上」「○月○日までに、計算ドリルを終わらせる」など、達成可能な目標を数値化することが非常に重要です。子ども自身が成功したことに自覚的になるためにも、数値化することは欠かせません。努力したにもかかわらず、

その努力が報われたのかがよくわからない、という状態では次の勉強への意欲につなげるのは難しいでしょう。

3．努力の過程にラベリングする

子どもが頑張った結果をしっかり認めることも大切です。以前に比べて何ができるようになったのか、具体的に承認することで子どもの自己肯定感を高めることができます。そして、より重要になってくるのが、努力の過程にラベリングをすることです。「あなたはやればできる子だと思ってたよ」「野球を頑張れてるんだから、勉強でも頑張れると思ってたよ」など、〝努力家〟のラベルを子どもに貼ってあげることで、子ども自身が「自分は努力家だ」と思い込み、その思い込みに従って行動するケースも多いからです。

◆最初のひと転がりをどうつくるか

先に述べた３つのポイントは、あくまで準備・仕掛けのお話です。いざ転がり出したときに備えて、常に適切な目標が設定されていることは非常に重要です。しかし、結局のところ、最初のひと転がりをどうするか、という部分が一番大きな問題となってきます。

この部分に関しては、特効薬はありません。しかし、最初のひと転がりを生み出しやすくする環境づくりにはこだわる必要があります。

最初に取り組むべきことは、**勉強に集中できる空間を確保すること**です。反抗期の中学生は自室で勉強をすると言い張る傾向があると思いますが、いざ部屋を覗いてみると漫画を読んでいたり、ベッドで寝ていたりということが多いのではないでしょうか。なぜなら、そこに漫画があり、ベッドがあるからです。勉強する空間と、それ以外の空間は明確に分ける必要があります。自宅内でそのすみ分けが明確にできるとよいですが、現実には難しい場合が多いと思いますので、自習スペースなどを活用する必要があるでしょう。

また、**親が学ぶ姿勢を見せること**も重要です。子どもに勉強するように要求するだけではなく、親自身が新しい知識やスキルを楽しむ姿を見せることで、学ぶことの価値を自然と伝えることができます。家庭内で学ぶことが当たり前の文化をつくることができれば、子どもが勉強に向き合うきっかけを与えられます。

◆それでもうまくいかないときは

ひと転がりが生まれやすい環境を整え、転がり出した後のフィードバックを適時適切にしていけば、少しずつ勉強で結果が伴うようになり、少しずつ自分から学ぶようになり、という好循環が生まれます。ただ、基本的にはすぐに好循環に入るのは難しく、根気強く子どもと向き合う必要があります。

進級や受験が迫るなど切羽詰まった状況では、塾や家庭教師といった第三者の力を借りるのも有効です。親子関係を損なわないためにも、信頼できる第三者にサポートを依頼することは、むしろ前向きな選択といえるでしょう。

北山 淳（きたやま じゅん）

◆**プロフィール**

株式会社ACフォルテ代表取締役。小学生～高校生向けの個別指導塾フォルテを運営し、「自ら考え、自ら実行」する子どもを育成することを目指している。現在は東京都の国立・武蔵小金井・四谷に3教室を展開。

◆**提供しているサービス内容**

小学生～高校生向け学習支援「個別指導塾フォルテ」

◆**講演、研修、コンサルティング依頼者・相談者へのメッセージ**

お子さまの成長、学びを支えるなかで、不安や悩みもたくさんあるかと思います。一人ひとり細かく状況を伺って、個別に最適な解決策を探します。お気軽にご相談ください。

◆**連絡先**

①ホームページ
　個別指導塾フォルテ
②メールアドレス　school@fuerte.tokyo

（HP）

自分から勉強してほしいとき

髙取玲子

◆いつ始めるの

「宿題やったの？」と言えば「んー」。

「早くやっちゃいなさい」と言えば「わかってるよ」。

「わかってるって言って、やらないじゃない」「わかってるって。やるから！」。

……そして、イライラが頂点に達して「いつ始めるの！」と爆発してしまう。


中学生のいる家庭で、ありがちな光景ではないでしょうか。

ママたちからの相談で最も多いのは、「ヤル気を出して自分から勉強するようになってほしい」ということです。

◆ヤル気はどこにあるのか

人間のヤル気はどこにあるのか。

神経科学の発達によって、ヤル気をつくり出している脳の部位が脳の中心近くにある小さな器官、〝側坐核《そくざかく》〟であることが明らかになっています。

これは**〝ヤル気の脳〟**とも呼ばれる部分で、前頭連合野から「何かを始めよう」という指令を受けると、側坐核が扁桃体《へんとうたい》や海馬と相談し合いながら、それが好きなことであるかどうかを判断し、ヤル気を出すかどうかを決めているのだそうです。

つまり、**最終段階で「好き」という判定を潜《くぐ》り抜けたものにのみヤル気が生まれる**というわけで、ここが重要です。

側坐核のある辺りの脳は、人間の発達の歴史から見てかなり古い時期に成立した部位だそうです。魚にも見られる部位とのことで、前頭前野のように理屈でコントロールできるところではない。つまり、理を尽くして説得しても、ヤル気には効果なしということになります。

逆に言うと、勉強を「好き」のほうに分類できさえすれば、ヤル気も自ずと出てくるということなのです。

え？　そこが難しい？　そうかもしれません。でも、そうではないかもしれません。なぜなら、クラスには勝手に勉強する子もいるからです。

人間に元々好奇心がある以上、学ぶことは楽しいはずです。そういうことか！と知ったとき、気持ちが明るくなった体験は誰にでもあるのではないでしょうか。

そもそも義務教育の学習内容に難解なものはありません。発達段階に合わせてあり、だいたいの子どもが理解できるであろうという内容です。

知識が増えて、できることが増えるのですから、それで勉強が好きにならないとしたらむしろ不思議なくらいです。それなのになぜ、勉強に抵抗感を示す子どもがいるのでしょうか。勝手に勉強する子とそうではない子との違いはどこにあるのでしょうか。

◆わが身を振り返る10の習慣

人間が「考える生き物」であるならば、勉強嫌いは生まれつきではなく環境により形成されてきたことになります。私たち大人は、どうやって子どもを育ててきたのでしょうか。上手に学習環境を整えてきたでしょうか。

社会的な要因もありますが、今回は家庭内での対策を振り返ってみましょう。

1　成績が下がったら、部活動禁止、習い事も辞めさせたのでしょうか。このような厳しい罰は成績を上げるのでしょうか。

2　宿題を終わらせないなら「〇〇に連れていきません」などと言ったでしょうか。そうやって、勉強を楽しいことの反対側に置いていなかったでしょうか。それとも、子どもを脅したのでしょうか。

3　宿題をすることは当たり前だとしていなかったでしょうか。大人は義務を果たせばビールやスイーツ。子どもには何がありましたか。

4　勉強を楽しい話題にしてきたでしょうか。

5　小・中学生の勉強を難しくてつらいもの、嫌いで当然などと言っていないでしょうか。勉強より大切なものがあると言って、相対的に勉強の価値を下げていないでしょうか。

6　家庭内に、勉強がしやすい場所や時間を整えたでしょうか。例えば兄弟同時学習、ＴＶをつけない、音楽を流さない等。また、自室以外の勉強場所を作ったり、自室から誘惑を締め出したりする工夫をしたでしょうか。

7　親もかつて中学生だったことを意識させたことがあったでしょうか。

同じ問題を解いたこと、どんな気持ちで解いたか、どんな学習環境だったか話したことがあったでしょうか。

8　子どもを疑っていないでしょうか。

9　親が、「どうせ」「でも」「だって」を多用していないでしょうか。心配しているのだということを子どもにわかってもらおうとしていないでしょうか。

10　子どもは親ではないので親心はわからないということを忘れていないでしょうか。多くの人の支援を受けていることを伝えているでしょうか。税金の使い道として義務教育をやめようという意見は一度も出たことがありません。子どものいない人も応援しているということを知らせているでしょうか。

◆自立学習のために

自分から勉強することを自立学習と言いますが、何からの自立かというと、親からの自立なのです。

小学生の頃、勉強はママと二人三脚でやってきた、あるいはママが喜ぶから勉強した、パパが怖いからやっていた。また、「あなたはできる子だから大丈夫よね」という無言の圧力がある場合。そういった大人からの影響が強い中学生は苦労が多いように思います。

思春期に入って大人から自立しようとするとき、勉強と親が一体化しているなら親離れと同時に勉強からも離れなければなりません。

子どもに説教はいりません。言われなくても、子どもは毎日学校で、できる子と自分を比較しています。勉強をしたほうがいいことは親よりよほど実感しているのです。

ですから、親の役目は指示ではなく、干渉でもなく、期待でもなく、**ただ良き学習環境をつくればいい**のではないかと思います。

どうしたら勉強しやすいの？　何を手伝えるの？といった具体策を子ども本人と相談してはいかがでしょうか。

中学生の勉強方法はネット上にも溢れており、子ども同士も情報交換をしています。塾でもノートの取り方から時間の使い方、教材の進め方など、多くの情報を得られるはずです。それを家庭内でどう活かすかを相談しましょう。

子どもと真正面から向き合わず、隣で同じ方向を向き、そっと背中を押すような、そんな人が家にいてくれたら、どれほど頼りになるでしょう。

中学生は自立の途上にあります。大人の手助けはまだまだ必要です。**その子の特性を知り、日々の心の動きに対応できるのは、一番近い存在のあなたです。**学校でも塾でもありません。我が子が思春期に入ったら、幼い頃の表立った導きとはひと味変えた関わり方を考えてもいいのではないでしょうか。

勉強には希望が詰まっています。親が子どもに贈れるのは、その希望です。

※参考文献　『情と意の脳科学：人とは何か』松本元・小野武年〔共編〕（培風館）

高取 玲子（たかとり れいこ）

◆プロフィール

学習院初等科３年生の頃、クラスメイトに「算数を教えて」と言われたとき、人によって適切な説明が異なることに気づく。それ以来、教える・教わるということに関心を持って育つ。ガールスカウトで奉仕の精神を学び、高校時代はベビーシッターのアルバイトをして、親心を垣間見る。これらの経験を踏まえ、現在、埼玉県新座市で個人塾「かな学習室」を経営。中学受験、高校受験で第一志望合格実績92％を誇る。自身も二人の子の母。

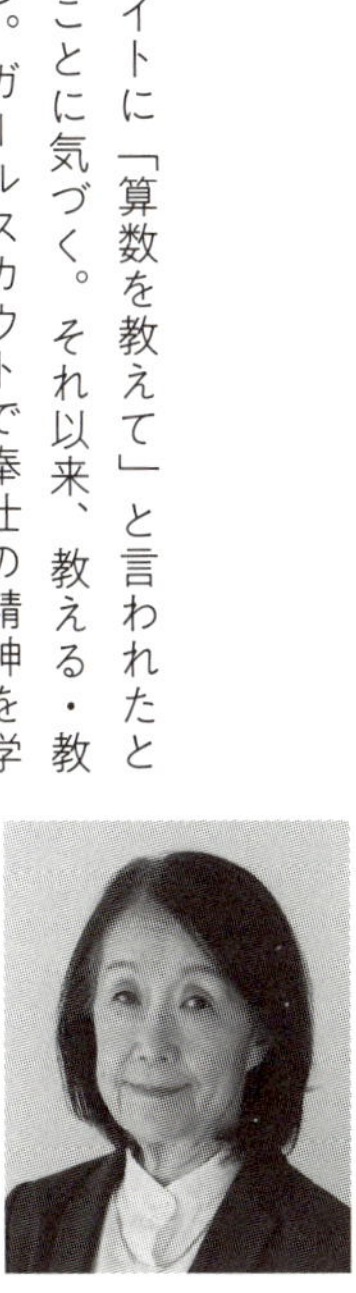

◆提供しているサービス内容

かな学習室（3歳から中3までの学習塾）
学ぶことの意味と学ぶ技術を指導し、自立学習から自律学習へと導く教室です。

◆講演、研修、コンサルティング依頼者・相談者へのメッセージ

25年ほどの塾経営のなかで、親子の関わり方が学力に大きく影響すると実感しています。本書で紹介した内容は多くのケースに共通する改善のヒントのサマリーです。より具体的な解決策をご相談になりたい方は、左記メールアドレスからご連絡ください。

◆連絡先

①ホームページ
　かな学習室
②ブログ
　塾に行かずにここまでできる（アメーバブログ）
③メールアドレス　kanasensei@onlyone.zaq.jp

（HP）

（ブログ）

親も子も「素直に・愉しく・懸命に」

松葉　優

◆人はなぜ学び、学習をするのか

生物には誕生したときから「遺伝子」として引き継がれてきたものがたくさんあります。それが「本能」として、現代の動植物の形や知性として形成されているのです。

難しいことではありません、どんな生物も長い歳月をかけ、学習を繰り返して進化してきたということなのです。人間も例外ではなく、常に学習し進化していくことが天命の一つとなっているといえます。つまり、人間が生物本来の本能を素直に発揮すれば必ず学習欲求が芽生えるわけで、一番大切なことは、その本能をかき消さないよう自然な状態で子育てをするということです。

◆受け入れるべき能力の個人差

そもそも「能力」には、生まれながらに個人差があります。運動が得意な子や歌が得意な子もいます。学校の勉強が得意な子は、情報処理能力と記憶力に秀でています。また、その成長速度にも多少の個人差が生じるのは当然のことです。よって、本来は個々の成長段階に応じた学習をすることが望ましいのですが、現代の学校教育では、年齢別による画一的な教育が主流であり、それを避けることはできません。赤ちゃんが初めて立って歩いたときはそれだけで親御さんは感動しましたが、小学校に入ったとたん他者との比較が始まります。

もう一点、能力の個人差が生まれる原因には神経系統の発育のタイミングと阻害が挙げられます。**人間の発育において知能神経系統は、12歳頃までにほぼ100%が形成されるといわれています。**授乳期に音楽を聴かせよう、絵本を読んであげよう等といわれるのは、感性領域や言語領域の成長のタイミングがその時期にあるからなのです。学童期までの学習環境により、そうした発育が阻害されることで、部分的に偏りが生じる場合があります。学校教育におけるパターン学習偏重も弊害に近いものがあると感じています。どちらにせよ、12歳頃までにその子の性格や性質はほぼ確定されるということです。よって、学習面においても顕著な能力差が見られてくるのが12歳頃となっています。

しかし、ここで特筆すべきことは、能力＝学力ではないということです。

◆学力を上げるたった一つの手法

まず「学力」という言葉の意味を理解しておきましょう。**「学力」とは「学習する力」**であり、「学力が高い」ということは、「学習し向上させる力が高い」ということです。どんな事象に対しても自ら「学び・調べ・考える」ことができる、それが学力の高い人の特徴です。**「能力」が高くても学習する力がなければ、何者にもなり得ません。**

次に、冒頭で私が述べたことを思い出してみてください。学習欲求は既に誰もが持ち合わせているはずです。よって、極論とはなりますが、自身の欲求に素直に従って、自ら学ばせ、調べさせ、考えさせれば誰でも学力は向上するのです。その習慣を幼い頃から実践できればなおさらで、子どもの「遊び」は最適なツールといえるでしょう。

ところが昨今、閉塞感の強い地域、特に都会では、子どもたちが自ら考え自由に遊べる機会が減少し、遊びの多様性が失われております。習い事という与えられた場所で大人から教えられたことを実践するだけの「つまらない遊び場」が増加しているのです。これは私の言う「自然な状態」ではありません。子どもが素直な欲求に従って行動できるはずもなく、興味や関心が広がるわけなどないのです。

子ども同士が自由な環境で好きな遊びをするなかでこそ、遊びを考え、喧嘩をし、討論し、身体と脳を動かし……、無限の学習が広がっていきます。大人も然《しか》り、人は「自由」を求めます。そこにこそ本当の学習機会があることを潜在的にわかっているからなのです。海・川・山・森、自然の中には自由という最高の遊び場があります。ゲームよりも可変的で楽しいことがたくさんあることに気がつくでしょう。実際、私の塾でも年に一度、野外キャンプを行います。その際にゲームなどの持ち物は自由としますが、終始ゲームで遊んでいる子どもを見たことがありません。子どもたちは、暇さえあればキャンプ場内を走り回っているのです。

教えなければならないこともたくさんありますが、まずは子どもを信じてあげましょう。その先に自ら学習できる子が誕生します。大人の介入を減らすことが大切で、「可愛い子には旅をさせよ」ということなのです。

◆学習力と実力を上げる教育

中学生ともなると、親御さんの目も一段と厳しくなります。勉強をしない子の親御さんは「せめて人並みに……」と言い、成績上位の親御さんですら「このままで大丈夫かしら……」と言い出すのです。そう考えることは素直であり、当然です。なぜならば、大人には自由と引き換えに危機感があるわけです。しかし、子どもにはそれがありません。なかには成長が早く、危機感を持って勉強をし、元来勉強が得意な子と共に成績上位に入る子もいます。また、中学生程度のレベルでしたら負けじ魂だけで高成績を取る子もいますが、いずれにせよ稀《まれ》なケースです。勉強が得意かどうかはその子の特性として、12歳前後、時には生まれた瞬間に決まっています。残念ながら急に勉強ができるようになることはないのです。

では、それが絶望かというとそういうわけではありません。子どもは必ず成長します。なにも成績を上げることだけが目標ではなく、**「学習力」を上げていくことを考えればよい**のです。例えば、親に言われて学習塾に通い詰め、試験の予行練習をしてテストで点数を10点上げた子と、自分で勉強をする必要性に気づき、わからないことを自ら調べ、考え、理解することで点数を5点上げた子、どちらの学習力のほうが向上したといえるでしょうか？　圧倒的に後者なのです。

仮に、前者のような勉強を続け上位校に入学できたとしても、後者には敵《かな》いません。その後、大学受験となったとき、社会に出たとき、その差は歴然となり実力の差へと変化します。未来は今の積み重ねでつくられます。その場の成績を上げることだけに執着し、本来その時期に学習すべきことができていないとすると、本末転倒です。中学生でいえば**「自身でやるべきことを判断し実行できる」**。これが「中学生としての能力」であり、学習すべき最優先事項となるのです。

時に成長を待つことも必要です。事を急ぐ必要が生じるときもあるかもしれません。ぜひ、皆さんは人生の先輩として、その子が自分の能力に気づき、その道を歩み出したとき、本当に必要な実力が何なのかを考え、伝え続けてあげてください。それが教育です。

◆「素直に・愉しく・懸命に」それが世の術《すべ》

「教育」の目的は「教えを育む」ことにあります。その国・地域・家庭に受け継がれてきた教え（遺伝子）を次世代に伝えていけばよいのです。その人の実力が最大限に発揮されるのは、自分だけが持つ遺伝子をフル活用できたときであり、学力向上においても最高の武器となります。

素直に自分の心に手を当て、やるべきこと＝やりたいことを実行してみましょう。子育ては親御さんの愉しみでもあり、時に試練ともなります。そして、その試練は自身が乗り越えるべき必要な学習であり、次世代へ受け継がれていくものなのです。特別なことをする必要はありません、自分に素直になって行動すれば、試練も愉しみとなり、その愉しみに気がつけば自分の道を懸命に歩めるようになるでしょう。世のため人のために歩むこと、それが幸せというものです。

松葉　優（まつば　まさる）

◆プロフィール
神奈川県立横須賀高校、国士舘大学体育学部卒業。10年間の社会人経験を経て、２０１３年自ら考えて学ぶスタイルの寺子屋式学習塾「一心舎」を創設。現在は、教育家としての活動の他、陸上競技コーチとしても日本最高峰の跳躍チーム「福間ＪＵＭＰ道場」のコーチ／マネージャーとして活動する。

◆提供しているサービス内容
小・中学生向け学習指導
教育カウンセリング／セミナー
陸上競技のコーチング　等

◆講演、研修、コンサルティング依頼者・相談者へのメッセージ
子育ては子どもと共に自身の成長が必須です。お困りの際はお気軽にご連絡ください。

◆連絡先

①ホームページ
寺子屋学習塾 一心舎

②ブログ
寺子屋学習塾 一心舎「塾長のつぶやき」

③SNS
X：一心舎親塾

④メールアドレス m.matsuba@leaf-company.co.jp

（HP）

結果が変わる４つの「しない」習慣！

陸浦晃幸

「いい加減、ゲームやめて勉強しなさい!!」

「今やろうと思っとったんだわ!!　うるせえな、やる気なくなったわ！」

夜8時、洗いものが済んだ母は般若《はんにゃ》の如くの形相《ぎょうそう》だ。本来であればほっと一息、ようやくドラマが見られるそんな時間だった。先週気になる終わり方をしていたので、この1週間ずっとモヤモヤとしていたのだった。もう始まってしまう！といそいそとソファーでくつろごうとした瞬間、いつまで経っても「Nintendo Switch」から手を離さない中学生の息子の姿が目に飛び込んできたのだ。そのとたん、一日の疲れがどっと押し寄せてきたような感覚と、先日学校からもらってきた成績表の数字がフラッシュバックして、母は思わず叫んでしまったのだった。

平穏だった空間が一気にひりついた。

そっぽを向いて再びゲームに没頭するそぶりを見せる息子。

寝そべってTVを見ている、我関せずを装う父。

ヘッドホンで推しの配信に夢中の高校生の長女。

空気を察しおどおどし始めるチワワのコタロウ。

家庭内でドラマ顔負けの展開が幕を開けた……。


夜、どこのご家庭でもありそうなやり取りです。ドラマ顔負けというのは些《いささ》か言いすぎかもしれませんが、このあと、このお子さんはどうなってしまうのか。今日一日はおそらく、意地でも勉強に向かうことはないでしょう。

ついつい言いたくなってしまうその気持ち、すごくわかります。でもそれが、逆にお子さんの可能性をつぶしてしまっているとしたら……？

ここではお子さんが夢を実現するために、保護者の方にやらないでいただきたいことを4つご紹介したいと思います。

◆1.「〇〇しなさい！」と命令しない

「やれ！」と言われるとやりたくなくなる現象、これは世界中の多くの人間に当てはまる現象で**「心理的リアクタンス」**と名づけられています。心理的リアクタンスとは、1966年にアメリカの心理学者ジャック・ブレームによって提唱された心理学理論で、「人が自由を制限されたり侵害された際に、それに抗《あらが》おうとする性質」を指します。リアクタンス（reactance）とは物理用語で、抵抗や反発を意味します。人は自分が自由に選択できると思っていることに対して制限や強制をされてしまうと、抵抗や反発感情が生じるものです。

ですから、「早く宿題をしなさい！」とか「いつまでも起きてないで早く寝なさい！」と命令するのではなく、「宿題は出てるの？　いつから始める？」「明日早く起きなきゃいけないんじゃないの？」というような声かけをし、**子どもが主体的に勉強していると思える環境づくりが必要**なのです。

◆2.「やるな」とも言わない

逆に、「やるな」と言われるとやりたくなる現象にも名前がつけられています。こちらは「カリギュラ効果」と一般的にいわれており、その名前の由来は1980年にアメリカで上映された映画『カリギュラ』です。この映画は第3代ローマ皇帝カリグラの放蕩《ほうとう》や残忍さを描いた歴史超大作でしたが、過激なシーンが多かったためボストンで上映禁止にな

平日の勉強時間

児童〔21〕
生徒〔21〕

学校の授業時間以外に、普段（月曜日から金曜日）、1日当たりどれくらいの時間、勉強をしますか（学習塾で勉強している時間や家庭教師の先生に教わっている時間、インターネットを活用して学ぶ時間も含む）。

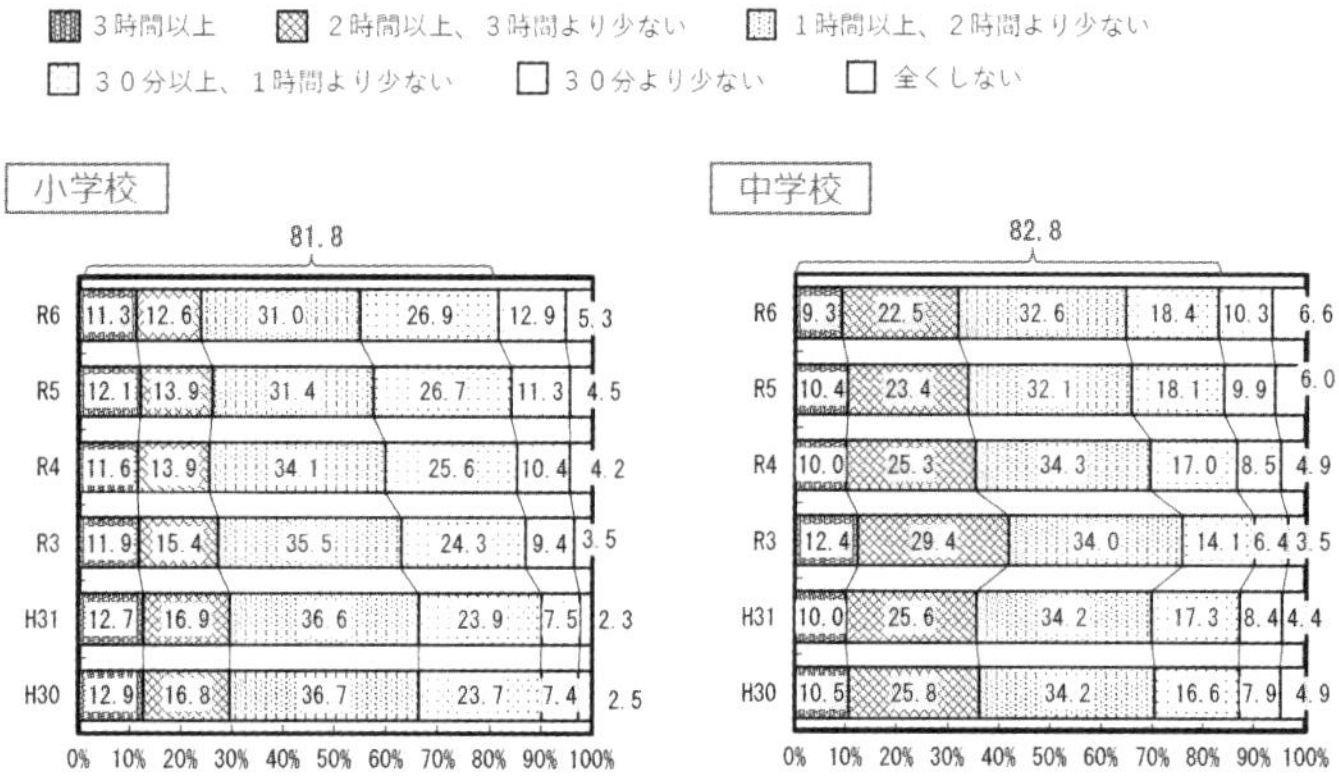

出典：文部科学省・国立教育政策研究所「令和6年度全国学力・学習状況調査の結果(概要)」

ってしまいました。しかし、それがかえって人々の興味を湧かせる結果となり、ボストン近郊の映画館に人が詰めかけ映画が大ヒットしたそうです。

　では、勉強というものについてもこのカリギュラ効果が当てはまるのでしょうか。コロナ禍により2020年3月から最長3カ月にも及んだ全国一斉学校休校期間、子どもたちが勉強をする機会を奪われました。学校に行けない状況で、勉強も満足にできなかったとき、どれだけの子どもが勉強に意欲的になったかというと、結果は残念ながら逆のものになってしまいました。文部科学省・

国立教育政策研究所の「令和６年度全国学力・学習状況調査の結果（概要）」によると、コロナ禍により学校が全面休校になった令和２年度を境に、令和３年度から小学生の自宅学習時間が減少しています。

このように、カリギュラ効果を期待し、**勉強する機会を抑制することも危険**なのです。

◆3. 叱りすぎない

令和４年度に文部科学省で実施された「義務教育に関する意識に係る調査」において、16・６％の小中学生が勉強する目的として「家の人に勉強しなさいと言われるから」と答えています。

「テストでいい点をとらないとお母さんに叱られる」と口にする子どもは少なくありません。小中学生だけでなく、最近では高校生、時には大学生までもがこんなことを言っています。勉強へのモチベーションが、叱られることを回避するためのいわば「問題回避型」のモチベーションになっているのです。短期的には勉強に集中させ、結果を出すことができるかもしれませんが、やはりネガティブな動機ですので、長続きしませんし、お子さんの自己肯定感も喪失させる結果となりかねません。

やはり、勉強に対しては前向きな気持ちで向き合っていただきたいものです。「叱られないために勉強する」と「褒められるために勉強する」は動機としては同じです。ただ、気持ちのベクトルが違うだけです。だったら、後者の**「褒められるため」という目的志向型のモチベーションを持って勉強に向かったほうが精神的にも健全**です。

ただ次に述べるように、この「褒められるために勉強する」というのも一概に良いとはいえないのです。

4. 褒めすぎない

アンダーマイニング効果という言葉をご存じでしょうか? undermining とは日本語で「ひそかに傷つける、いつの間にか害する」という意味です。達成感や満足感を得るために行動していたのに、報酬を受けた結果、**「報酬を受けること」そのものが目的に**なり、結果として本来の内的な動機が失われてしまう心理状態のことをいいます。長期的に見ると非常に危険な状態です。

引き続き「義務教育に関する意識に係る調査」からの引用ですが、20・9%の小中学生が「先生や家の人がほめてくれるから」勉強していると答えています。「叱られないため」という問題回避型ではなく、前向きな動機ですので、一見よさそうに思えるのですが、20%以上の子どもの勉強の目的が本来のものからずれてしまっていることを意味しています。褒められる、ご褒美がもらえる、といった報酬が勉強の目的になってしまっているのです。人間の欲は限りを知りません。報酬をもらえばもらうほど、どんどん現状では満足できなくなっていきます。そして、その報酬が満足のいくものでなくなったとき、一気にその意欲は崩壊してしまうでしょう。

◆教育には絶妙なバランスが必要

子どもを教育することは簡単なことではありません。命令せず、かといって放置せず、叱りすぎず、褒めすぎることも控える。この一見矛盾した４つの「しない」を偏りなく、バランスを保って教育に当たらなければならないのです。この10年で価値観も激変し、多様化も進みました。子どもへの接し方も変えていかなければなりません。でも、変えてはいけないものもあります。

それは、**愛情を持って接すること。**

これだけは今も昔も変わらぬ真理なのです。

陸浦 晃幸（むつうら あきゆき）

◆プロフィール

大学で教員を目指し、大学院ではティーチングアシスタントも務める。その後、一時、公務員に目標を変えるも、試験勉強を経て、改めて勉強をする子どもたちを応援したいと、再び教育業界を志す。そして、大手個別指導塾に就職し、講師・教室長を経て塾長へ。

さらに複数の塾で責任者を歴任し、２０１２年８月に自ら塾を開校した。

２０１７年より愛知県知事認可団体愛知県私塾協同組合理事に就任。

◆提供しているサービス内容

小中高生への学習指導。定期テスト対策、高校入試対策、大学入試対策、英検対策認定準会場として、漢字検定・英語検定・数学検定の実施
映像授業・ＩＣＴ教材の提供

◆連絡先

①ホームページ
　個別指導塾ＣＬＯＶＥＲ
②ＳＮＳ　Ｘ：個別指導塾ＣＬＯＶＥＲ
③メールアドレス　mutsuura@clover-school.net

（ＨＰ）

第2章

人間力（知・情・意・体）が向上する育て方へのアドバイス

非認知能力の向上が子どもの未来を切り拓くカギになる

株式会社メディフェア 代表取締役／学校法人海雲学園 理事長
青木隆弥

◆人生を豊かにする非認知能力とは

昨今、学力以上に人間力が評価される社会へと変化し、特に就学前から学童期までの教育の分野で注目されているのが「**非認知能力**」です。非認知能力とはＩＱや偏差値などと相対するものであり、意欲、忍耐力、自制心、自尊心、協調性など人の心や社会性に関係する能力のことを指します。変化の激しいこの世の中で子どもたちが力強く生き抜き、自身の道を切り拓いていくために必要な要素の一つといえます。私は保育と教育の分野で株式会社メディフェアと学校法人海雲学園の二つの法人の代表を務めていますが、打ち出し方は多少異なるものの、いずれの法人でも本質的には子どもたちの非認知能力を高められるような取り組みを行っています。

特に後者の学校法人が運営する幼稚園型認定子ども園　こうたいじ幼稚園（長崎県長崎市）では、非認知能力を高めるための教育プログラム**「ＳＥＬ教育」**を導入しています。ＳＥＬ（Social and Emotional Learning）は直訳すると社会的・情動的学習であり、非認知能力を高めるための考え方として、今世界中で注目されています。

こうたいじ幼稚園は１９５０年にお寺付きの幼稚園として開園し、仏教的情操教育を柱として運営してきました。２０２１年に私が経営に関わるようになったとき、この園の歴史のなかには既にＳＥＬの基本的な考え方が存在していました。在園児のみならず卒園児の多くは前向きで明るく、失敗しても挫《くじ》けない心を持ち合わせている、そして問題解決能力に長《た》けており、自分を大切にするのと同じくらい他者を大切にできるという非認知能力も非常に高いのです。卒園児の進路としては会社経営者、教師、医師、伝統芸能の師範など、自身の夢を叶えた人が多数存在します。このことから、私はこうたいじ幼稚園の仏教的情操教育を「こうたいじ幼稚園のＳＥＬ教育」としてより具現化し、自身の力で明るい未来を描けるような園児が育つ幼稚園として発展させていこうと決心したのでした。保育・教育に携わる身であると同時に、私自身が3人の子どもの父親であり、我が子の幸せを願う親の一人であるという観点からも読者の方へお伝えできるものがあればと思います。

次の項からは、こうたいじ幼稚園で実際に行っているＳＥＬ教育を構成する要素についてご紹介します。

◆「こうたいじ幼稚園のSEL教育」を構成する5つの要素

1．自分の感情を認識し、うまく調整する

今この本を読み進めておられる方も、ご自身のお子さんや担当する園児・生徒等へ「相手の気持ちを考えて行動（発言）しなさい」と、きっと一度は伝えたことがあるのではないでしょうか。しかし他者のことばかりでなく、まずは自分が今何を感じているのか、なぜそう感じているのかを理解し、その感情をうまくコントロールすることは他者との良好な関係性を築いたり、物事の状況を好転させたりする能力を育てることにつながります。

2．前向きな目標を自ら設定し、あきらめずに立ち向かっていく

こうたいじ幼稚園では悔し泣きをする子が多く見受けられます。運動会を例に挙げると、子どもたちは本番の日のためにたくさん練習して、うまく演技をしたい、かけっこで1位になりたいと目標を立てて臨みます。しかし、当然ですがかけっこのように別の子と競うような場面では必ず順位・勝敗が発生します。特にクラス対抗リレーのように自身のパフォーマンスがチームの結果を左右するとなると、責任感が増すはずです。現にこうた

いじ幼稚園の運動会では、毎年のようにリレーで抜かされてしまったことに大粒の涙を流す子がいます。リレーで1位を取るという前向きな目標を設定したものの、自分が抜かされたことによってチームが負けてしまったわけです（実際はそれだけが要因ではないことが多いですが）。この子の内面には自分が抜かされたという悔しさ、チームのお友達を勝たせられなかったという思いやりが錯綜しているように思います。この出来事から子どもたちに感じてほしいのは、自ら立てた目標に対して真剣に取り組むことの素晴らしさ、そしてこれからある幾多のチャンスのなかであきらめない強い気持ちを持って挑戦し続けてほしいということです。

3．他者の気持ちを理解し、共感を示す

こうたいじ幼稚園の登園時の挨拶は「おはよう」だけでなく、「おはよう。今日の調子はどう？」と相手の気持ちや体調を確かめるように習慣化されています。もし、挨拶したお友達から「今日は気分が乗らないんだ」と返答があったとしたら、「どうしたの？」「何かあったの？」という気遣いと共感から、相手が抱えている問題を一緒に解決しようという意識につながります。逆に、自身の気分が落ち込んでいたときも、この挨拶を交わすことで、まずはしっかりと自分の気持ちを認識し、その気持ちを踏まえて無理なく今日一日

を過ごすようにしたり、時には誰かにＳＯＳを出すことができたりします。

4．良好な人間関係を築き、維持し、修復する

社会生活においては他人との関わりを避《さ》けて通ることはできません。自分の気持ちばかりが先行してしまうことは、他人への思いやりや寄り添いの気持ちが置き去りになり、結果的に社会に馴染めず自分が思い描くような人生を歩むことが難しくなるとも考えられます。私は我が子に対して、「自分がやりたいことには前向きに取り組みなさい。けれども、それによって誰かを傷つける可能性があるのならばやり方を考えなさい」と教えています。

5．責任ある意思決定を行う

例えば、子どもにとって自分の大切なものがなくなってしまったとします。それを見つけるために取る行動として適切なものは何か。たまたま周囲にいたお友達に対して「○○さん！　私の大切なものを盗ったでしょう?!　返して！！！」という感情任せの言葉がけをしてしまったら、どうでしょうか。これでは根拠のない思い込みで無実の相手を傷つけるだけでなく、何の解決にもなりません。責任ある意思（方針）決定を行うために必要な

のは、的確な情報収集をすることです。もし近くにいた人に尋ねるとするならば、「○○さん、私の大切なものがなくなってしまったの。見てないかしら？」と言うのが適切な行動です。そしてその返事が「△△さんが、誰かの落とし物だと思って、先生に届けてたよ」ということであれば、それを知らせてくれた人、届けてくれた人にお礼を伝えることができ、大切なものも自分のところへ返ってきて、皆でその喜びを分かち合うことができるという結果を得られます。

◆大人にもいえること

ここまで子どもの非認知能力とそれを育てるためのＳＥＬ教育について述べてきました。しかしこれは、社会に出た大人にとっても大いに学ぶ価値のある内容です。私が経営する法人には多くの保育士や幼稚園教諭が在籍していますが、この非認知能力を大切にするよう指導しています。非認知能力が低ければ、職場の仲間とうまくいかなかったり、やりがいを感じられなかったり、子どもたちや保護者に対して寄り添いができなかったりと、どんなに保育や教育のスキルが高くてもそれを活かす場面が少なくなります。ぜひ、本項を読んで子どもたちとの関わり方の参考にしていただくとともに、ご自身の今後の「生き方」に取り入れていただければ幸いです。

青木 隆弥（あおき たかや）

◆プロフィール

１９８４年長崎県長崎市生まれ。大学卒業後にＩＴコンサル会社、人材コンサル会社を経て株式会社メディフェアを創業。メディフェアではこれまで累計20の保育施設運営実績を持つ。グループ法人には１９５０年より幼稚園（現・認定子ども園）を運営する学校法人海雲学園があり、理事長を兼務している。

◆提供しているサービス内容

幼稚園、保育園の運営／他の幼稚園、保育園の経営支援

◆連絡先

①ホームページ
学校法人海雲学園認定こども園　こうたいじ幼稚園
株式会社メディフェア

②ＳＮＳ
インスタグラム：あおきたかや
Ｘ：@takayaaoki_815

（幼稚園）　（会社）　（インスタグラム）

未来を咲かせる種
～子どもたちの可能性が芽吹くとき～

いぬかい良成

「それは何の種？」。ある朝、アトリエバレーナ幼稚園の園庭に太陽くんという一人の小さな男の子がしゃがみ込んでいました。彼はポケットから小さな種を取り出して、土にそっと埋めました。

「わかんない。でも、ちゃんとお水あげたらキレイなお花咲くよね？」

その言葉は、「学び」そのものだなぁ～と思いました。どんな未来が拓けるかはわからないけど、私たち大人が注ぐ水、与える光、耕された土が、その種をあなたらしいお花へと育てていくよね？　これらはすべて自然からいただいているもの。そしてその種は、子どもたち一人ひとりの中に確かに存在しているんだなぁ……。

◆種を蒔くとき

100年後の地球（ガイア）を想像してみてください。AIはさらに進化し、知識を超えた何が？……

そう！「**創造性**」「**共感**」「**調和**」、そして「**つながり**」の価値が大切になっていくとは思いませんか？　そんな未来に、今日の子どもたちはどんな姿で歩めばよいのでしょうか？本来、社会的に見ても「学び」は未来への投資です。それも短期的な利益を求めるものではありません。それは時間をかけて育て、花を咲かせ、次世代へ種を渡していく壮大なプロジェクトなのです。

◆学びに大切な5つの実

SEiRYO学園では、「**帰属感**」「**ウェルビーイング**」「**探究**」「**コミュニケーション**」「**貢献**」という5つの大切な価値を軸に、子どもたちの可能性を最大限に引き出す「学び」を実践しています。

1.帰属感（Sense of belonging）――「ここが私の居場所」

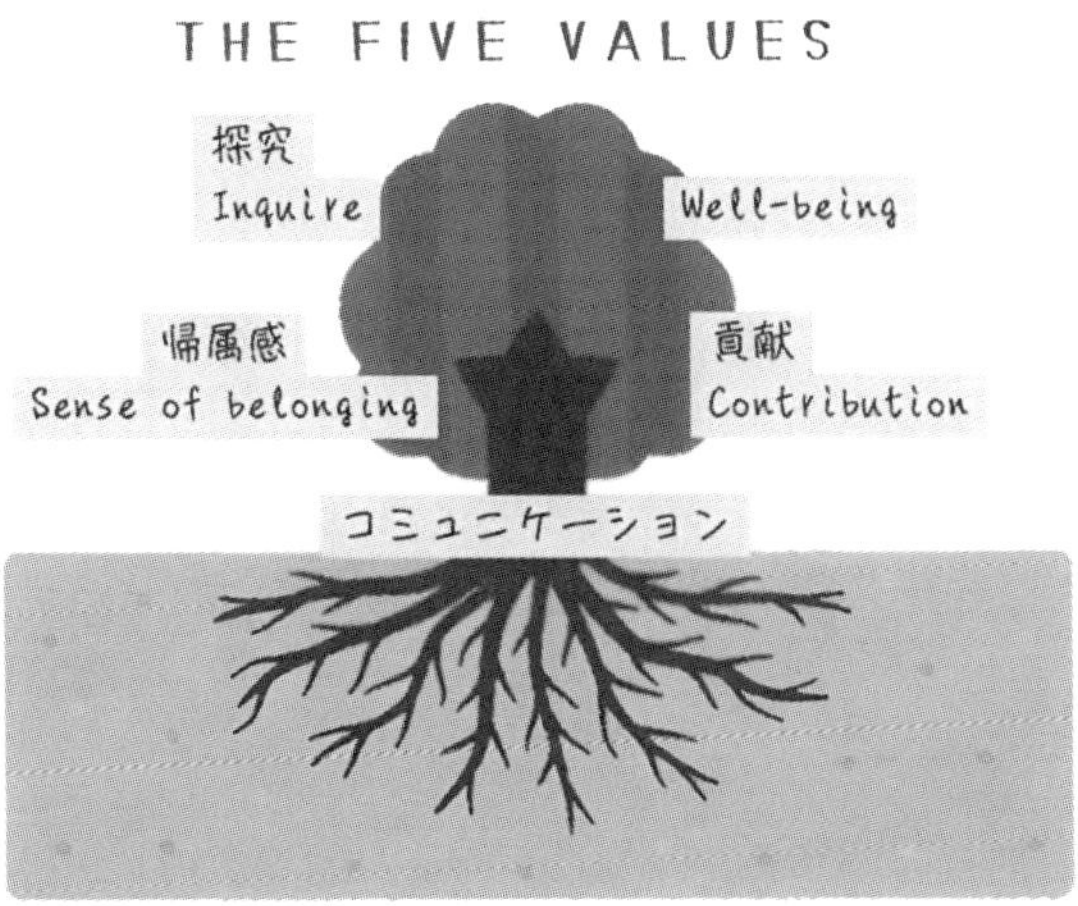

昭和の時代には秘密基地なんていう場所もありましたが、幼い頃「ここが自分の居場所」って感じたことなどを覚えていますか？

それは「自由」のなかに安心と自信をもたらしたりします。すべての子どもたちにとって「自分は大切にされている」と感じる「場」って必要ですよね？

2．ウェルビーイング（Well-being）——「幸せな学び」

笑顔は、最高の学びの証《あかし》です。子どもたちが自分を大切にし、心と身体の Well-being を保ちながら学べる「場」を整えるって大切なことだなぁと思っています。

3.探究（Inquire）――「問い続ける力」

ウィリアム・シェイクスピアの言葉に、
「私たちの運命を握るのは星などではない。己自身なのだ」
というものがあります。この言葉は、私たちが運命や可能性を外部に求めるのではなく、自分自身の内側にそれを見出すべきだという深い教えを含んでいます。
子どもたちが自分の中に問いを持ち、その問いを追い続ける力を育むことの大切さを……。

そして「どうしてこうなるんだろう？（Why?）」「もっとこうしたらどうなんだろう？（How?）」という内なる声に耳を傾け、それを探究する過程が、子どもたちの本質的な成長を促すと確信しています。

答えは常に遠い星のような場所にあるわけではありません。それは、子どもたち自身の中にあり、彼らがそれに気づくことで未来への天岩戸《あまのいわと》開きが行われるのです。

シェイクスピアの言葉が示すように、子どもたちが自分自身の中にある可能性を信じ、その力を育むことこそが、真の「学び」の可能性を引き出していくのです。

4.コミュニケーション（Communication）――「つながる力」

対話を通じて、子どもたちは他者の視点を学びます。

あるクラスでのこと、意見が対立する子どもたちが「どうすればお互いが納得できる？」と話し合い、解決策を見つけた姿は、人間らしさの原点を感じさせました。学童保育のＫＯＳＯやオルタナティブスクール「Ｔｏｙ－Ａ（トーヤ）」では、子ども同士で解決するオランダの学びの手法の一つ「ピースフル・スクールプログラム」を採用し、対話を通して問題解決を行っています。

5．貢献（Contribution）――社会と自然への感謝を形に

以前、イギリスの「シューマッハーカレッジ」に行ったときに聞いたサティシュ・クマールさんの言葉が印象に残っています。

彼は、人間は３つの「Ｓ」が大切だと語っていました。それは「土（Soil）、心（Soul）、社会（Society）」。これらを調和させることを学ばなければならない。子どもたちは自然や社会に感謝し、それに応えるべく体験を通じて自己を見つけていきます。例えば、食育では発酵文化を通じて自然の営みを学び、社会とのつながりを感じる体験をしています。実際に園内で行ったプロジェクトでは、日本で初めて世界の舞台ギリシャでも取り組み、発表もさせていただきました。

◆「学び」は未来への贈り物

「学び」とは、目の前の子どもたちに希望を灯《とも》し、未来への扉を開くことです。私たち大人は子どもたちの「種」にただただ水を注ぎ、その種が花開くのを見守っていくことを使命としています。

アルベルト・アインシュタインの言葉を借りるなら、

「学ぶとは、生涯にわたって続く旅である」

この旅を支え、導き、共に歩むのが「学び」の役割です。それらの「経験」が子どもたちの未来を彩る豊かな道しるべとなるよう、私はこれからも自ら学び続けていくでしょう。

◆エピローグ――咲いた花が教えてくれたこと

冒頭の太陽くんが埋めた種は、数週間後に小さな芽を出しました。その成長を見つめる彼の表情は誇らしげでした。「どんな花が咲くの?」という彼の問いに、私は、今ならこう答えるでしょう。

「それは太陽くんがどれだけ愛情を注ぐかで決まるんだよ。太陽くんが注いだその愛が、とってもきれいな花を咲かせるんだよ♫」

太陽くんの「学び」もまた、子どもたちの未来を咲かせるための愛情の証です。その愛情が１００年先も続く花となり、未来を照らし続けることを願っています。

あなたはどんな花が咲いたと思いますか？

いぬかい 良成（よしなり）（Charlie）

◆プロフィール
東京都大田区出身。学びを通して地球を生きる未来の子どもを育てる「教育アーチスト®」
学校法人 SEiRYO 学園理事長（保育所、幼稚園、学童保育所、オルタナティブスクールなど東京都・千葉県地区にて10施設を運営）、曹洞宗・禅僧侶（僧名：無巌「Bugan」）、おしえない学校ＰＪ主宰、映画プロデューサー、建築デザイナー、日本ＰＢＬ研究所理事、ＯＭＥＰ（世界幼児教育・保育機構）会員、ＮＰＯセブンジェネレーションズ理事、米国ＮＬＰ協会トレーナー、心理カウンセラーなど。これまで世界24カ国の乳幼児教育施設などを視察＋探究中。
趣味はＹＯＧＡ、登山（キリマンジャロ約６０００ｍ、アコンカグア約７０００ｍなど登頂成功）、ダイビング、サッカー（全国大会優勝）、自転車など。
好きな本は、『モモ（momo）』『冒険の書』『ラディカル・ラブ』

【座右の銘】

・「Don't think! Just Enjoy!」
・「学びを通して地球を生きる」
・みんなバラバラだからこの世界は「面白い」、でも一つのガイアと共に生きているから「美しい」、そしてそこに「愛」があるから「愛おしい」
・「事事無碍法界（じじむげほっかい）」
（「事事無碍法界」とは、現実世界に起こるすべての事象は、妨げあうことなく溶けあって完全調和しているという考え方）
・「敬天愛人（けいてんあいじん）」
（「敬天愛人」とは、天を敬い（うやまい）人を愛すること。ここで言う「天」とは、「真理」「神」「宇宙」などといった意。「愛人」とは広い人間愛や万人への慈愛などを表す）

◆参考情報

［著書］
『子どもは「悪い子」に育てなさい　天才児が育つ7つの習慣』サンクチュアリ出版
絵本『ワアル冒険記』

◆連絡先

①ホームページ　学校法人SEiRYO学園
②SNS　YouTube：教育アーチスト®「いぬかい良成」

（学園）

（YouTube）

夢を語ろう！
～夢は叶えるためにあるんだよ～

谷口敏夫

◆夢は達成するためにある

あなたの夢は何ですか？
その夢はいつ頃から持っていますか？
そして、その夢は叶えられましたか？

探偵歴49年、企業の問題解決コンサルタントを43年、実践心理学スクール『ハートフル大人の学校』の経営を38年してきた、通称「ボス」こと谷口敏夫です。
私は右記活動の他にも、日本各地の小中高校生を対象に講演活動をしてきました。そして、小中高校生に「夢は叶えるためにあるんだよ～。だから夢を語ろう！」と長年伝え続けてきました。

では、子どもたちに、そして大人たちにも「夢を叶えよう」と伝えている私自身の夢は何だったのか。私が最初に持った夢は「毎日、食べたいものをお腹いっぱい食べること」でした。私は小学生の頃、毎日食べるものを自分で探し出さなければならないほど貧乏な家庭で育ちました。母親は5歳の頃に自殺、父親は無職で、しかもアルコールとギャンブル依存症持ち、さらには家庭内暴力までしていました。そのような家で私はいつもお腹をすかせ、「ご飯をお腹いっぱい食べたい」とひたすら夢に描き続けたのです。私が小学3年生になる頃、ついに家のお金が底をついて給食費が払えなくなり、楽しみだった給食が食べられなくなります。そこで私が新聞配達を始めると、父親は私にある言葉を言い放ちました。

「給料の半分を家に入れたら、あとの半分は好きに使っていいぞ」

その言葉を聞いたとき、本当に嬉しかったことを今でも覚えています。「お金を稼げば好きなものをお腹いっぱい食べられるんだ」と、当時の私の夢を叶える方法に気づきました。それから私はバイトをいくつもかけ持ちし、給料を家に入れ続け、お金に苦労することがなくなったのです。

夢の大小は関係ありません。「大谷翔平選手を超える野球選手になる!」「海外に移住する」など何でもいいですが、見ているだけではいけません。

夢は見るものではなく、達成するためにあるからです。

◆夢は逃げない、逃げるのはいつも自分

あなたは今まで夢や目標をどれだけ叶えてきましたか？　もしも、まだ夢を達成したことがないとしても、心配することはありません。

あなたがあきらめない限り、夢があなたから逃げることはないのです。

私が20歳で創業し、３年が経った頃、社員は４名にまで増えました。けれども当時の私はまだまだ力不足で、４名分の給料を払えるほどの仕事を得られません。なす術のない私は自分の報酬を０円にして、なんとか社員の給料を払い続けていました。私自身は、建設現場でバイトをし、寝る間も惜しんで働き、ようやくご飯が食べられる状態でした。

「社長になったらお金をたくさん稼げて、好きなものをいくらでも食べられると思っていたのに……。もう社長を辞めたいな」

叶ったと思った夢が目の前で失われるような、言いようのない絶望感を味わいました。

けれども、どうしても夢をあきらめられない。夢から逃げたくない。

「このままではダメだ！『その日をなんとか生きる』なんていう小さな視点ではダメな

んだ。もっと大きな視点で考えないと」と思った瞬間、私の中の別のスイッチが音を立てました。「どうせ仕事をするなら日本一の探偵になろう！　もっと有名になれば仕事をたくさん得られるはずだ」と開き直ったのです。日本一の探偵になる方法を必死に考え抜いた結果、「日本全国、そして全世界に調査網を作る」というアイデアにたどり着きました。

大阪で起業した私は、次に博多に支店を作り、そこから1年ごとに東京、名古屋、仙台と支店を増やし、最終的には日本国内に16支店、海外に6拠点を作るに至りました。社員は３００名を超え、売上高27億円と、新たに生まれた夢である「日本一の探偵になる」を達成したのです。

もし23歳のときにあきらめていたら……、社員をただ解雇したり、事業をたたんだりなどしていたら、私は夢を達成できなかったでしょう。

夢が逃げるのは、あなたが「あきらめたとき」です。あきらめたらそれで終わりです。夢を達成するまでに苦しい瞬間はたくさんありますが、それでも決してあきらめないでください。

◆夢を語ろう

「夢を達成できるのは、才能がある人だけでしょ？」と思われるかもしれません。

では、私がどうやって夢を達成してきたのか？　私はただ「夢を語り続けた」だけです。

「え？　夢を人に話すだけ？」と思われるかもしれませんが、夢を語ることにはとても重要な効果があります。

夢を語る効果の一つ目が**「夢を応援してくれる、夢を一緒に叶えてくれる仲間ができる」**、二つ目が**「夢をありありと思い浮かべられるようになる」**です。一つずつ見ていきましょう。

夢を語り続けることで、あなたの夢を応援してくれる、夢を一緒に叶えてくれる仲間ができます。「日本一の探偵になる！」という夢を描いたとき、私は出会う人すべてに夢を語りました。

「日本全国、世界にも拠点を持つ探偵になれれば、どんな人の困り事だって解決できると思うんだ！　だから俺は日本一の探偵になる」

私はとにかく多くの人に夢を伝え続けました。すると、「おもしろいね！」「頑張っているから応援するよ」という人がどんどん目の前に現れるようになったのです。夢を共にしてくれる仲間がいれば、夢に近づくための情報や仲間を紹介してもらえるようになり、達成のスピードがぐんと速くなります。夢を語る効果の二つ目「夢をありありと思い浮かべられるようになる」もとても重要ですので、一緒に見ていきましょう。

◆夢をありありと思い浮かべられるようになろう

目を閉じて少し深呼吸をして、頭の中で可能な限り具体的に夢を思い浮かべてください。どうでしたか？　モヤがかかったようにぼんやりとしか見えませんか、それともまるで映画を観ているようにはっきりと思い浮かべられましたか。

夢を達成するには、あなたの夢を「映像を観ているかのように、具体的に、ありありと思い浮かべられるようにすること」が大切です。けれども、多くの人が「お金持ちになりたい」という、ふんわりした、わた菓子のように輪郭のない夢を描いてしまっています。なぜ夢を映像のように具体化させることが重要なのでしょうか？

もう一度、夢を思い浮かべてください。その夢に対して、あなたはワクワクしましたか？　その夢を達成するために、何かをせずにはいられない興奮や熱意が心から湧きましたか？　具体性のない夢では、人はワクワクできず、夢を達成しようと行動する気持ちになれません。反対に、夢を映像のようにありありと思い浮かべられるようになると、いつでも心に活力が湧き、行動を起こせます。カッコいい起業家や、夢を追いかける人を描いた映画を観ると、「自分も頑張らないと！」と思うのと同じです。

夢を語り続けることで、仲間は増えて、夢は映像のようにクリアに思い浮かべられるようになります。そうなると、夢の達成スピードはこれまでの比ではなくなります。

◆動け、動け、もっと動け

最後に夢を達成するために最も大切なことをお伝えします。

それは「**動け、動け、もっと動け**」です。

今の自分にとって大きな夢を描く人には行動が何より必要です。行動しないと何も変わらず現状維持、むしろ衰退して夢から遠ざかることになります。また夢が叶うかどうか、応援してくれる仲間に出会えるかどうかなどは、自分がどうにかできる問題ではありません。しかし、今、目の前にいる人に夢を語ってみること、朝10分早く起きて勉強するなどは、自分でできます。動いて、動いて、もっと動いた人の目の前には、夢を達成するために必要なチャンスがどんどん舞い込んできます。夢は達成するものであり、また、夢は決してあなたから逃げません。

そして、夢を達成する第一歩は、人に語ること。

夢を達成するために、あなたは今から何をしますか？

あなたの夢が叶うよう、願っております。

谷口 敏夫（たにぐち としお）

◆プロフィール

大阪生まれ、大阪育ち。19歳の時、探偵事務所に入社。21歳で独立後、調査に関わる知識、技術の取得のみならず、経営ノウハウを独学で取得。以降、企業調査、探偵、経営コンサルティング等の分野で多くの実績を上げる。そこで得たノウハウを活かし、企業研修や社員教育、学校関係などで数多くの講師を務めるなど幅広い講演活動を全国で展開。安心して暮らせる社会を創造し生きるためのコミュニケーション技術と、生き方の大切さを伝えていくハートフル実践心理学スクール『おとなの学校』を開校、代表講師としても多方面で活躍中。情熱的ななかにもわかりやすい言葉で語りかける講演内容は多くの人に支持されている。

トラブル相談12万件以上、企業のコンサルは約３８００社、研修と講演は年間２５０回以上、総数７０００回以上。現役探偵をしながら、コミュニケーションコンサルタントとして、企業向けの社風分析・人事戦略アドバイスなどでも引っ張りだこ、全国各地で好評を得ている。その他、ＴＶ・ラジオ・メディア等多数出演。

◆提供しているサービス内容

ハートフル実践心理学スクール『おとなの学校』／コミュニケーションスキルアップ研修、心理分析プロファイラーコンサルタント養成講座、メンタルコーチングクラス、メンタルコンサルティングクラス『理念塾』、実現力スキルアップ実践塾

◆参考情報

［著書］『人間関係が一瞬で良くなる 魔法の接続詞』扶桑社

◆講演、研修、コンサルティング依頼者・相談者へのメッセージ

まずは、ご連絡ください。主催者様、クライアント様とご相談のうえ、決定いたします。

◆連絡先

①ホームページ
問題解決家　谷口敏夫
株式会社ハートフルコミュニケーションズ

②ＳＮＳ
フェイスブック：谷口敏夫

③メールアドレス　heartful.hotstation@gmail.com

（会社）　（谷口敏夫）

人間力と孤独
～子育てに活かせる視点～

パパンダ

「人間力」という言葉を聞いたとき、どんなイメージが浮かびますか？　リーダーシップがあって、人を導き、周囲に影響を与える人。柔軟な発想力や、どんな困難にも立ち向かう粘り強さを持つ人。仕事でもプライベートでも高いアウトプットを出し続けるエネルギッシュな人。そんな姿が思い浮かぶのではないでしょうか。

私が「人間力」のある人を思い浮かべるとき、忘れられないのは電通で働いていた頃の先輩方です。例えば、ある部長は部下を力強く導き、誰もが一丸となって目標を達成するチームを作る達人でした。あるいは、世界を股にかけてカヤックで急流を下りながら、その体験を雑誌に連載している先輩もいました。

どちらにも共通しているのは、ただ仕事ができるだけではなく、その人自身の言動が周囲を動かし、チームの力を最大限に引き出していたことです。そんなエネルギッシュな先輩方に共通して感じたものがあります。それは**「孤独」**です。人間力のある人ほど、どこか背中に「孤独」という言葉を貼りつけているような雰囲気を持っている。それは偶然ではなく、人間力を伸ばす鍵が「孤独」にあると私は確信しています。

◆なぜ人間力に孤独が必要なのか

では、なぜ「孤独」が人間力と結びつくのでしょうか？　先輩方は、周りに部下や同僚が大勢集まり、ワイワイと楽しく仕事を進めているように見えました。それでも、その背後には**「ここから先は誰にも踏み込ませない」という見えない壁が存在していたのです。**

それは、自分自身と向き合う時間を大切にする姿勢から生まれるものです。

孤独でいる時間に、人は自分自身と対話します。過去の自分の行動を振り返り、現在の課題に向き合い、未来を想像する。その過程で、成功の喜びだけでなく、失敗の苦い記憶とも向き合わざるを得ません。そして、未来に対しても楽観的になれない瞬間がありま す。それでも、その時間こそが人間力を磨く土台になるのです。なぜなら、自分と向き合うことで自分の至らなさを知り、課題を改善する力を得るからです。

◆大谷翔平の人間力に見る「孤独」の力

世界中で愛される大谷翔平選手も、その背後には「孤独」と真剣に向き合ってきた時間があるといわれます。彼のキャリアには、孤独を成長の糧《かて》とする姿勢が多く見られます。

例えば、彼が高校生の頃から続けているという「ノートづくり」の習慣。大谷選手は、目標やその達成に必要な計画、さらには失敗から学んだことまで細かく書き留めてきました。日々の忙しい練習の合間に、一人でノートに向かい合う時間を持つ。これこそが、自分自身との対話を深め、人間力を育む土台になっていたのではないでしょうか。

また、彼のアメリカ移籍という挑戦も、人間力をさらに高める試練だったといえるでしょう。言葉の壁や文化の違い、期待の重圧など、孤独感を覚える瞬間はきっと多かったはずです。しかしそのなかでも、大谷選手は明るくフレンドリーな姿勢を崩さず、チームメイトやファンに愛される存在となりました。それは、自分自身と深く向き合い続けてきたからこそ、揺るぎない自信と芯を持って他者と接することができるからです。

◆子ども時代の私の経験

振り返ってみれば、私自身も孤独から多くのことを学びました。小学校3年生の時、転校を機にいじめを受けるようになり、学校生活が一変しました。それまで楽しかった毎日が、急に孤独な時間で満たされるようになったのです。

特に思い出すのは、長い通学路での出来事です。片道50分、往復で6キロの道のりを一人で歩く。その間、私は自然と自分自身と対話をするようになっていました。学校での出来事を思い返し、「なぜあんな発言をしてしまったんだろう」「次はこう言おう」と自問自答したり、次の図工の授業で作りたい作品をイメージしたり。冷たい冬の風に足が凍えながらも、頭の中は自分との対話でいっぱいでした。

◆孤独がもたらす力

このように孤独と向き合い続ける経験を積むことで、私は一人でいることを全く苦に感じなくなりました。それどころか、孤独な時間を楽しむことさえできるようになったのです。その時間は、一人反省会や一人ブレインストーミングのようなものでした。そしてその積み重ねが、物事をより深く考える力や、自分のアイデアを形にする力へとつながったのです。

◆人間力と孤独との深い関係

ここまで記してきたように、人間力のある人は、自分自身と対話し、自分が何者であるかを考え続け、行動する人です。リーダーシップや責任感を持ち、自分で決める力がある人は、濃い体験や知識を内省を通じて積み上げていきます。この過程には「孤独」が重要な役割を果たします。

「孤独」が消滅している？

しかし、今の社会では「孤独」が危機的状況にあります。その理由は、SNSやスマホが普及し、他人の考えを簡単に覗き見ることができるようになったからです。こうしたツールは便利である一方で、他人の意見に触れ続けることが内省の時間を奪い、自分自身の考えを持たない大人を生むリスクを孕《はら》んでいます。さらに、SNS上での「つながり」は心地よく、時には金銭的な価値を生むため、孤独を避ける傾向が強まっています。

「孤独」を取り戻すためにできること

1. 自然の中で過ごす　自然は、子どもたちに内省する機会を与える最適な環境です。

森の中で遊ぶ時間を設定したり、何の指示も与えず自由に探索させることで、自分自身の力で考え、行動する経験を得られます。自然の中では、スマホやＳＮＳから離れ、五感を使って物事を感じ取る時間が増えます。これにより、自分自身の内なる声を聞く力が育まれます。

2．アートの制作や鑑賞　アートは孤独を活用し、自己表現や感情の整理を可能にする活動です。絵を描いたり、物を作ったりするプロセスでは、他者からの評価や外部の情報ではなく、自分自身の内側と向き合う必要があります。また、アート鑑賞を通じて作品の背景や意味を考えることも、自分なりの視点を養い、内省するきっかけとなります。アートに没頭する時間が、子どもたちに自己理解を深める力を与えます。

つながりが重要視される現代だからこそ、「孤独」を意識的に活用する必要があります。孤独を通じて内省を深めることで、人間力を高める子どもたちを育てることができます。それは、未来の社会を担う彼らにとって欠かせない力となるでしょう。

◆子育てと孤独

子育て中の親として、子どもが孤独な時間を持つことに不安を感じるかもしれません。

しかし、子どもが自分自身と向き合い、少しずつ自信をつけていく姿を見守ることが、親としてできる最大のサポートではないでしょうか。孤独は、決して避けるべきものではなく、人間力を磨くための贈り物なのです。

パパンダ

◆提供しているサービス内容

・阪急六甲駅から徒歩1分の場所で、絵を描かないアートスクール＝コイネーを開校
・アート思考やデザイン思考を活用した企業研修講師として活動
・コイネーを起点に中長期的な市民のコミュニティを育み、文化プロジェクトを推進する

◆講演、研修、コンサルティング依頼者・相談者へのメッセージ

このたびはご興味をお持ちいただきありがとうございます。ご依頼いただければ、全力で取り組むことをお約束いたします。これまで、大手企業をはじめとする数多くの研修や講演を担当し、参加者の皆さまに「楽しく、盛り上がり、そして深い学びが得られる」とご好評いただいてまいりました。満足度が非常に高く、リピーターとして継続的にご依頼をくださる方も多くいらっしゃいます。

また、ご連絡いただいた際には、必ず1日以内にお返事いたしますので、スムーズなお打ち合わせが可能です。内容や目的に応じたオーダーメイドの対応も得意としておりますので、お気軽にご相談ください。

皆さまにとって価値のある時間をご提供できるよう、心を込めて対応させていただきます。どうぞよろしくお願いいたします。

◆参考情報

［著書］

『子どもがやりたいことを１００％受けとめて、創造性や個性を伸ばすアート教育入門』（セルバ出版）

◆連絡先

①ホームページ

パパンダの絵を描かないアートスクール

②ＳＮＳ

インスタグラム：絵を描かないアートスクール＝コイネー

③メールアドレス　kobekobeee@gmail.com

（インスタグラム）　（ＨＰ）

フィンランドに学ぶ、幸せを感じるチカラ

平野宏司

◆世界トップの幸福感

北欧・フィンランド。「森と湖の国」と呼ばれる自然豊かなこの国の人たちは、優しくも芯のある心を持ち、家族や社会を大切にする国民性で、日本にも通じるところがあります。一方で、冬には一日中暗い極夜、夏には一日中陽の沈まない白夜がある等、日本と大きく異なるところもあります。サウナ文化やオーロラ等に魅力を感じる人もいるでしょう。日本でフィンランドが注目を集めたのは、２０００年に実施された世界的な学力テストＰＩＳＡ（ＯＥＣＤ生徒の学習到達度調査）で、フィンランドがいきなりトップにランキングされたことに始まりますが、最近ではむしろ「世界幸福度№1」に何度も輝いている国として大いに知られています。ちなみに、日本の幸福度は残念ながら毎年50位前後です。

◆幸せな人生に必要なこと

さて、今この本をお読みの皆さんは、ご自身や知り合いのお子さんに、どんな人生を送ってほしいですか？　良い学校に入り、良い企業に就職したりスタートアップで成功したりして、華々しい人生を送るのも一つでしょう。しかし、どんなに華やかでも、自分で幸せを感じたり、他人の幸せを願ったりできる人になることが、根っこのところで必要ではないでしょうか。学校の授業科目に、「幸せな人生の送り方」はありません。ですが、周りの大人が適切に関わることで、**「幸せを感じるチカラ」**は大きく育ちます。

◆非認知スキルは相互作用で育まれる

「幸せを感じるチカラ」について語る前に、改めて非認知スキルについて簡単に述べておきましょう。

文部科学省は、非認知能力（スキル）を**「学びに向かう力、人間性等」**とし、教育の3本柱、つまり**「知識・技能」「思考力・判断力・表現力」**に並ぶ一つに位置づけています。今まで日本の学校や社会では、「知識・技能」の向上を最優先とし、試験も「いかにたくさん覚えたものを短時間で正確にアウトプットするか」に焦点が当てられていました。しかし最近は、「思考力・判断力・表現力」の向上にも注力され、小中学校の授業でも皆で話し合って考え、発表するようなスタイルが増え、実際そのチカラも増しているようです。

一方、「学びに向かう力、人間性等」は、知能検査や学力検査では測定できない、人の心や社会との関わり方に関係する能力です。具体的には、やる気、忍耐力、協調性、自制心、コミュニケーション力などが挙げられます。

非認知スキルの大きな特徴は、学校の授業と異なり、一方通行で教えることができないことです。非認知スキルは相互作用、つまり他の人を相手にしながら発達するため、その関係性の質を考える必要があります。子どもたちが感情を認識し、前向きに表現する経験を積んでいける安全な環境が、感情の発達に良い影響を与えます。これは学校、家庭、地域で実現できることです。

フィンランドの学校では子どもたちの非認知スキルを高めるために、日常的にロールプレイ、絵本、ドラマ、歌、ゲーム等、様々な活動を取り入れています。日本でも同様な活動がありますが、それぞれが非認知スキルではなく認知スキルの向上、つまり「より上手に読む、歌う、体を動かす」という、目に見えるスキルの向上と評価に寄りがちで、非認知スキル、つまり楽しんでいるか、前向きに取り組んでいるか、我慢強くしているか、というチカラの育みに視点が向きにくいのが課題です。これは、家庭でも同じです。

◆「私」という軸を育む

具体的な取り組みを紹介しましょう。フィンランドのとある子ども園を見学したときのこと。保育室の片隅にA４サイズ1枚程度の紙が貼ってありました。単語が横書きでいくつか手書きされており、何やらリストのようです。よく見ると、「アルファベットが書けるようになる」「時計で時刻が読めるようになる」等と書いてあります。担任の先生が解説してくれました。

「これは子どもたちが自分で決めた到達目標です。子どもたちは自分の達成したい事柄を教員に伝え、教員がリストに記します。達成したら、次の高みを目指します。他の友達と同じ事柄になることもありますが、それは問題ありません。自分が達成に向けて取り組んだかどうか、達成したかどうかが重要なのです」

私たちはつい、小学校に上がる前の子に対してでさえ、他の子と比べて目標を決めがちです。あるいは平均的な到達目標を求め、「年長さんだったらこれくらいできないとね」等と思いがちです。しかし、他人や平均と比較することによるメリットよりも、デメリットのほうが大きく、しかも幼児期にそのようなマインドセットになってしまうことで、後伸びする余地も少なくなるでしょう。

さらにこのリストですが、先に記したように「保育室の片隅」にそっと貼ってありました。決して目標設定と達成が活動の主ではなく、あくまで自分が楽しみ、取り組んで充実した時間とその結果としての成長が見られることが大切なのです。ご家庭であれば、カレンダーの横や冷蔵庫のドアに貼るイメージでしょうか。

◆「マイラグ」を使ってみる

フィンランドでは、マイラグを使った取り組みも見学しました。マイラグとは、バスタオル程度の大きさのラグ（敷物）です。

子ども園では子どもたちは自由遊びの時間になるとめいめいに楽しみたい遊びを始めます。友達と共に遊び始める子がいる一方で、一人で遊びたい子もいます。今までの日本の現場では、「みんなと遊びなさい」と言われることもあるでしょうが、フィンランドでは、ここでマイラグの登場です。マイラグを敷いて、その上で活動している子には、声をかけないのがその園のルール。つまり「おひとりさま」を楽しめるようにした工夫です。大人でも、時には一人で集中したり、ゆったり過ごしたいもの。フィンランドでは個の尊重をすることで、一人ひとりの豊かな感情を育む土台をつくっているのです。

◆「よくできたね」よりも「楽しめたね」

非認知スキルを育むには、子どもがしたことの結果よりもプロセスを褒めることが大切だといわれています。もちろん何かを成し遂げたことを褒めるのも大事ですが、そのためには前向きに取り組んだり、我慢したり、友達と仲良く進めてきたりしたはず。それを認めることで他の場面への応用ができるようになり、次へのパワーにつながるのです。結果に紐づく向上心を育てるには、例えばスポーツ等、ルールがはっきりしており、そのうえでの成果に意味がある活動を取り入れることで育むことをお勧めします。

成し遂げられなかったときに「頑張ったからいいんだよ」と言う方法もありますが、そのときにだけ取り繕うかのように言葉をかけるのは好ましくありません。常日頃から「**積極的に取り組む**」「**続ける**」「**仲間と取り組む**」ことの尊さ、大切さを教えていきましょう。

整った言葉でなくても構いません。むしろ、心のままの言葉、例えば「ドキドキしてきた」「モヤモヤしてたのがなくなった」等の言葉のほうが心に入りやすいでしょう。そして、ここでも「相手があっての非認知スキルの向上」であることを忘れないでください。大人の「またドキドキするようなことをしようね」「やったー！って思えるといいね」という語りかけで、共に喜び、次に向かう心が育ちます。

平野 宏司（ひらの こうじ）

◆プロフィール

慶應義塾大学法学部卒業後、米国ファッション工科大学でコミュニケーション等を学ぶ。２００８年フィンランド公立オウル大学幼児教育保育学科特修コース修了、２００９年キートスガーデン幼稚園開園、以来フィンランドを中心とした北欧の幼児教育保育を紹介、推進。岐阜県私立幼稚園連合会副会長

◆学位・資格等

法学士、経営学修士（専門職）、実務教育修士（専門職）、環境経営士

◆提供しているサービス内容

・幼稚園及び保育園運営　・幼児教育保育に関する講演　・研究者支援

◆参考情報

［著書］

・『フィンランド式「遊んで学ぶ」これからの学力の育て方』（セルバ出版）

・『キートス・カフェへようこそ！』（ギャラクシーブックス）他

◆講演、研修、コンサルティング依頼者・相談者へのメッセージ

ご家庭や幼児教育保育現場に、フィンランドの考えや手法をわかりやすくお伝えします。

◆連絡先

①ホームページ
　キートスガーデン幼稚園・幼保園・保育園
②メールアドレス　maingate@kiitosgarden.com

（HP）

第3章

お子さん・保護者・教師の心身の健康へのアドバイス

0歳の運動発達は人の基本機能の土台となる

助産師　田中佳子

◆運動発達と感覚統合

看護師・助産師として30年、これまでに1万組以上の親子と関わってきました。ここ10年ほどで特に増えているのが、赤ちゃんの向き癖や頭の形の問題、反り返り、ずり這いやハイハイをしないまま立ち上がるケースなどの相談です。母乳をうまく飲めない、離乳食を食べない、むせ込む、口呼吸やいびき様呼吸になる赤ちゃんも多く、こうした現状を助産師は目の当たりにしています。

◆胎児に起きている変化と歪みの原因

1．胎内姿勢の影響

助産師とクラニオセイクラルセラピストとして妊婦や赤ちゃんに触れるなかで、生まれた直後から赤ちゃんの体の歪《ゆが》みが気になるケースが増えています。その背景を紐解くと、日本人の骨盤の変化が影響していることがわかります。椅子の生活が増えたことやしゃがむ姿勢の減少、妊娠中のデスクワークの増加が胎内姿勢を不良にする一因です。また現代女性の骨盤底筋群の筋力低下が子宮を骨盤内に下げ、尿漏れや子宮脱になる妊婦も少なくありません。骨盤の歪みや腰痛を抱える妊婦も増加しています。

骨盤や子宮の歪みは胎児の胎内姿勢に影響を及ぼし、胎児の自由な動きを妨げます。その結果、頭の変形や向き癖が生じ、分娩時の回旋が困難になり、難産となるケースが増えています。さらに胎内で屈位が取れないことで、口腔機能の発達にも影響が出ます。胎児が指しゃぶりをすることで促される顔面筋や舌の発達が妨げられるため、生後に哺乳困難、嚥《えん》下《げ》障害、鼻呼吸の未発達などの問題が生じるのです。

これらの赤ちゃんは泣きも強くなり、育児の困難さが増すことにもつながります。

2. 赤ちゃんの姿勢と運動発達の関係

赤ちゃんの姿勢や体の歪みは、運動発達にも大きく影響を及ぼします。

赤ちゃんの脊椎はCカーブを保つべきですが、SIDS（乳幼児突然死症候群）予防で硬い寝床で仰向けに寝かせる習慣が広まったこの10年で、向き癖や斜頭が急増していま す。縦抱き抱っこ紐などで首や背中の緊張が増して反り返りが目立つ赤ちゃんも多く見られます。さらに、向き癖が強いと非対称性緊張性頸反射（ATNR）が残存し、股関節の左右差や寝返りの困難さにつながります。腹這いは抗重力運動で身体を支える筋肉をつくり、その後のハイハイを促す大事な体勢です。しかし、安楽でないので嫌がります。そうなるとお座りが多くなり、ずり這いやハイハイを飛ばして立ち上がる赤ちゃんも増えています。

運動発達（寝返り→ずり這い→ハイハイ→お座り→伝え歩き→つかまり立ち→歩行）は、人の進化のプロセスにおいて普遍的です。特に腹這いの動きは中枢神経の発達を促し、体幹の強化や空間認知能力の向上につながります。こうした運動が未熟な場合、転倒時に手が出ない、距離感が摑めずぶつかる、手と目と体の協調運動につながらず、運動全般が苦手となり、体幹も弱くなり、姿勢や口腔機能不全などの問題が生じることがわかっています。

3. 原始反射と感覚統合の重要性

原始反射は、胎内から獲得される生命維持のための防衛反応です。通常は成長とともに

原始反射の残存と感覚障害

恐怖麻痺反射

緊張しやすい、身体が固まる、呼吸が止まる

脊椎反射・ガラント反射

背中が敏感、触られるとゾクゾクする、服のタグもダメ
背後に立たれるのが苦手、椅子の背もたれが苦手、多動

モロー反射

強い光や大きな音や声が苦手、過剰に驚く

緊張性迷路反射

バランス感覚が悪い、距離感がわからずぶつかる、転ぶ

非対称性緊張性頸反射

正しい姿勢を保持できない
雑巾がけ・自転車・キャッチボールが苦手
黒板を写すのが苦手
腕立て伏せ・跳び箱が苦手

把握反射

微細運動が苦手（不器用）

バビンスキー反射

足の裏が敏感、歩きがぎこちない、サッカー・ジャンプが苦手

学習障害・
運動音痴
不登校 etc…
原始反射の残存が
生きづらさに
つながっている

自然に消失しますが、0歳の運動発達が不十分だと統合が進まず、原始反射が残存することがあります。

我が息子の育児を通じてこの問題を実感しました。息子は小学1年生の時に友達へ無意識に手を出してしまい、トラブルが増加。その原因がモロー反射と脊椎反射の残存であることがブレインジムというアメリカ発の教育キネシオロジーでわかりました。息子に不意に

運動発達のアプローチ

近寄ると、身構えたり、防衛反応で無意識に手を出します。それが原因で暴力と誤解を受けてしまい、周囲から理解を得られないことで息子の自己肯定感に影響した時期もありました。

　原始反射の残存は障害ではないですが、感覚過敏や学習・運動機能の障害を引き起こします。その症状は原始反射の種類により異なります。

　これにより、子どものいじめの原因や社会的に生きづらくなり、不登校の要因ともなり得ます。

　子どもだけでなく、大人でも原始反射が残存しているケースは見受けられます。アスリートでも残存し、パフォーマンスが上がらない原因ともされています。残存している原始反射はハイハイなどの運動ワークなどで統合されます。発達プロセスはいくつになってもやり直しができるのです。

◆感覚統合を促す０歳の運動発達へのアプローチ

人間の土台になるずり這いやハイハイへ移行するには、新生児期からのアプローチが重要です。首や背中の緊張を緩め、股関節の可動域を広げること、Ｃカーブを保つ抱っこや触れ方など、親が意識的にケアをすることが大切です。また、ずり這いやハイハイで足指をしっかり使えるようにすることが脳の発達と感覚統合につながり、原始反射も消失します。具体的な方法として、「滑り台の逆登り」が有効です。本能的に登る動きは、手足を交互に使い、協調運動を促進します。このアプローチを低月齢から取り入れていた赤ちゃんは、ずり這いができる6～8カ月頃から滑り台を登り始め、体幹がしっかり育ち、転んだときにもとっさに手が出るようになり怪我が少なくなります。

◆子どもの運動発達には順序がある

現代では、多くの子どもが「多動」として発達障害のレッテルを貼られ、親御さんが不安を抱えているケースも増えています。しかも、子どもの動きには意味があります。脳を刺激して感覚統合を進めるためであり、多動は自然な行動なのです。発達には順序があり、原始反射を土台として五感を使った運動が成り立ち、そのうえに言葉や認知が築かれます。子どもの本質的な動きをよく観察し、見守ることが大切です。

助産師の視点から、**胎内環境（妊娠生活）から0歳の発達発育がその後の成長に影響を与えている**と確信しています。運動発達は早い・遅いではなく、一つひとつ順序を積み重ねることが重要です。たとえ0歳でハイハイを経験しなくても、後から取り組むことで感覚統合を促進し、健全な発達を目指すことができます。

子どもたちの健やかな成長を支えるため、まずは大人への理解と支援を広めていきたいと考えています。

田中 佳子（たなか よしこ）

◆プロフィール

看護師・助産師歴32年。大学病院に20年勤務後、母子ケアAmanmaを開業。病院・助産院・産後ケア施設にフリー助産師として従事。運動発達アドバイザーとして500組の親子をサポート。子育て支援者向けの講座を全国で開催。クラニオセイクラルセラピストとして、赤ちゃんから妊産婦までケア。

◆提供しているサービス内容

妊娠・出産・産後のサポート／妊婦～母子の整体／思春期相談／学校での「いのちの授業」／支援者向け講座

◆参考情報

［所有資格］国家資格：看護師／助産師／AMWEC・JAPAN発達障害コミュニケーション指導者資格取得／米国教育キネシオロジー財団認定ブレインジム公式コース修了

［著書］尾木ママのいのちの授業４巻『いのちってなんだろう』（共著）（ポプラ社）

公益社団法人育てる会「育てる」連載

◆講演、研修、コンサルティング依頼者・相談者へのメッセージ

オンラインでも胎内からの発達講座等開催中。各施設へ出張講演も可能

◆連絡先

①SNS

インスタグラム：Amanma アマンマ☆助産師 yoshiko

LINE：Amanma 助産師 yoshiko

フェイスブック：母子ケア Amanma

②メールアドレス　amanma.chofu@gmail.com

（インスタグラム）　（LINE）

「食べる」が基本！ 健全な体と心は口の環境から

～口と腸と脳との関わり～

仲道由美子

◆食べることは生きる力を育む源

わたしたちは食べ物を食べることで体をつくり、生きるためのエネルギーを得ています。つまり、食べることは生きる力を育む源です。食べ物の消化吸収の旅は「口」からスタートします。

◆「噛む」は神業

よく「ひと口30回噛みましょう」と言われますね。それには理由があります。

噛むことの効用を表す**「ひみこのはがいーぜ」**という合言葉があります。

ひ：肥満予防　み：味覚の発達　こ：言葉の発音がはっきり　の：脳の発達　は：歯の病気を防ぐ　が：がんの予防　いー：胃腸の働きを促進　ぜ：全身の体力向上と全力投球

噛むことにはこんなにたくさんの効用があるのです。

また、体の健康促進だけでなく心の状態にも良い効果をもたらします。心の安定に欠かせない脳内物質に、「幸せホルモン」と呼ばれる「セロトニン」があります。セロトニンの分泌が減少すると不安になる、落ち込みやすい、集中力が続かない、不眠などの傾向が表れます。噛むことは呼吸や歩行と同様、一定リズムの反復運動をすることでセロトニンの分泌を促進します。

噛むことの効用に大きく関わっているのが唾液です。

唾液には、

①食塊形成作用（食べ物を飲み込みやすい塊にする）
②消化作用（炭水化物の一部を消化する）
③自浄作用（食べかすや歯垢を洗い流す）
④再石灰化作用（初期のむし歯を防ぐ）
⑤抗菌作用（細菌の繁殖を抑える）

⑥ｐＨ緩衝作用（お口の環境を整える）
⑦潤滑作用（発音しやすくする）
⑧粘膜保護作用（粘膜を守る）

など、たくさんのはたらきがあります。

唾液の99％は水分ですが、残りの１％の中に酵素やタンパク質、ウイルスや細菌などに対抗する抗菌物質などが多く含まれています。なかでもＩｇＡという免疫成分（抗体）は、口から侵入した病原菌となる細菌やウイルスを抑制して体内に侵入するのを防いでいて、いわば免疫機能の最前衛部隊といえます。唾液は噛むことによって分泌が促されますから、やはりよく噛むということがポイントです。

また、よく噛むことで口の回りの筋肉も鍛えられ、しっかりと口を閉じることができるようになり、鼻呼吸を促す効果も期待できます。鼻呼吸をすることは、むし歯や歯周病だけでなく風邪などの感染症の予防にもつながります。噛むことはいいことずくめ、まさに『「噛む」は神業《かみわざ》』なのです。

◆腸内細菌と口腔内細菌

近年、「腸活」という言葉をよく耳にするようになりました。腸内細菌は、大人で約７

00～1000種類、約100兆個存在しているといわれています。免疫に関わる細胞の約70％が腸にあり、ストレスに関わるホルモンの調整システムや自律神経にも関わっていますから、腸内細菌叢《そう》の乱れは全身の健康に大きな影響を及ぼします。

腸には腸管神経という独自の神経ネットワークがあり、約1億個の神経細胞が存在しています。これは脳に次ぐ多さで、「腸は第二の脳」と呼ばれています。精神的なストレスでお腹が痛くなったり、うつ病や自閉症の人に便秘が多く見られるという傾向があるなど、腸内環境は食べ物の消化吸収だけでなく脳との関わり（脳腸相関）や心の状態とも密接な関係があるのです。

口の中にも腸と同様にたくさんの細菌が存在しています。その数は約700種類、数千億から1兆個に及び（密度で考えると腸とほぼ同じくらい）、一人ひとり特有のバランスを持って生息しています。そのバランスが乱れると、むし歯や歯周病に罹《かか》りやすい環境をつくり出してしまいます。

また、口腔内の病原菌が腸内細菌叢の乱れを引き起こし、その結果、様々な全身の疾患につながっている可能性も示唆されています。これらのことから、口と腸と脳には深い関連性があると考えられます。

◆砂糖とむし歯と腸内環境

乳歯は永久歯に比べてエナメル質が薄く、むし歯菌のエサとなる糖分が多く存在している環境下では、むし歯のリスクがより高くなります。特に砂糖を摂りすぎるとむし歯のリスクが高くなることに加えて、血糖値の乱高下を起こすことにより、イライラする、集中力が長く続かない、落ち着きがないなどの心の状態にも大きく影響します。砂糖を含む甘いものは体を冷やしますから、過剰摂取により低体温になりやすく、自律神経の乱れ、代謝や発育、免疫力の低下などの影響も出てきます。

また、砂糖は悪玉菌のエサになり腸内環境を乱します。免疫細胞の多くは腸で作られますから、腸内細菌叢のバランスが乱れると免疫力の低下を引き起こし病気に罹りやすく、アレルギーも出やすくなります。

口腔内細菌叢のベースは2～3歳頃、腸内細菌叢のベースは3～5歳頃にできるといわれています。ですから、乳幼児期の砂糖の摂り方は将来の口や腸の状態、ひいては全身の免疫力を左右すると言っても過言ではありません。腸内細菌叢や口腔内細菌叢のベースができる3～5歳頃まではできるだけ与えないことが理想です。乳幼児期にできるだけ加工されていない自然なもの、食材の持つ甘さや味を覚えることによって本来の味覚を身につけることができます。

歯の表面を覆うエナメル質は体の中で最も硬い組織です。それが破壊されてむし歯ができるということは、単に口の中だけの問題ではなく、全身の免疫力低下の表れとも考えられます。**口の状態は体内環境の鏡なのです。**

◆健やかな成長を促すための3つの提案

最後に、歯科医師の立場から、健やかな成長を促すための3つの提案をいたします。それは、

①よく噛む、②よく笑う（笑うことで免疫力がアップ！）、③口を閉じてしっかり鼻呼吸するです。なんだ、そんなこと？と感じたかもしれません。ですが、このような基本的なことをしっかりと意識することこそが、わたしたちの体に備わっている本来の力、自然治癒力や免疫力を十分に発揮できる体と心をつくるのです。

健康は『健口』から。まずは口の環境を整えてしっかり食べること。それが子どもの生きる力〜自ら夢を叶える力〜を育むスタート地点です。

仲道 由美子（なかみち ゆみこ）

◆プロフィール

歯科医師／ヘルスコーチ／予防医学アドバイザー

１９８９年、神奈川歯科大学歯学部卒業。現在、仲道歯科医院院長。長年地域歯科医療に携わるなか、医療技術の目覚ましい発展にもかかわらず体や心の病に悩む人が増えていることに疑問を抱き、食の大切さに気づき栄養学を学ぶ。体・心・魂すべてを包括した健康の概念を持つホリスティック栄養学、予防医学の学びから得た知識及び実践をもとに、口腔と全身の関わりや自然治癒力・免疫力を発揮できる体と心をつくるための情報提供や講座を通して啓発活動を行っている。また、学校歯科医として約25年間地元の小学生・中学生を対象に歯と口の健康に関する講義も行っている。

◆提供しているサービス内容

一般歯科診療／ヘルスコーチング／予防医学アドバイス／腸内細菌検査／口腔内細菌検査

◆参考情報

［所有資格］

歯科医師／米国ＩＩＮ認定ホリスティックヘルスコーチ／ＪＨＣ認定ホリスティックコンサルタント／ＨＣＵ認定ヘルスコーチ／予防医学アドバイザー

◆**講演、研修、コンサルティング依頼者・相談者へのメッセージ**

約35年の歯科医師としての経験とホリスティック栄養学や予防医学の知識をもとに、心と体のバランスを整えて体の中から美しく心豊かな人生を過ごすための情報提供を行っています。口腔の健康は全身の健康のスタート地点であり、何を食べるかということはもちろんですが、どのように食べるか、ちゃんと消化吸収できるかということもとても大切なことです。体の仕組みを知り、わたしたちの体に備わっている自然治癒力や免疫力をしっかりと発揮できる体と心の土台づくりをすることが、子どもの生きる力を育む基礎となります。「健口」から始める「健康」づくりのお手伝いができれば幸いです。

◆**連絡先**

①ブログ
仲道ゆみこ／心と体の美タミン届けます♡（note）

②メールアドレス　nakamichidc19@gmail.com

（ブログ）

親から子どもへの最高のギフト

～健幸ライフを手に入れるセルフケアの知恵～

心身応援サロン be with 代表　松尾憲人

◆体も心も癒やすセルフケア

私は、サロンのクライアントさんにセルフケアをご案内しています。毎月の施術に加えて、ご自身でもセルフケアを実践していただくと、体調が徐々に安定し、お悩みの症状も緩和されていきます。体は、環境やメンタルの影響を受けて常に変化しています。その変化に敏感になれば、不調の種を事前に察知して症状を回避できるようになります。この察知力を高める知恵が、セルフケアです。現代の忙しい生活環境のなかでは、体からイエローカードが出ていても気づきません。この警告を無視していると、不快な症状が始まってしまうのです。

私は、現在、会社員でもあります。時代の変化の影響を受けてか、メンタル不調者が増えていることに、私は危機感を抱いています。これからご案内するセルフケアは、体も心も癒やしてくれます。このセルフケアが、ご家庭内で習慣になれば、きっと、お子さんへの健幸のお守りとして、最高のギフトになるはずです。

◆私が救われたセルフケア（手当て）

私は、数年前のある夜、突然激しい胃痛に襲われました。その時、この痛みを緩和してくれたのが、いわゆる**「手当て」**です。胃のあたりに手を当てて温めました。赤ちゃんをあやすように、「いい子、いい子」と声をかけました。しばらくすると、気持ちも落ち着き、痛みも和《やわ》らいで、自然と眠りに落ちました。驚いたのは翌朝です。目が覚めると、不思議なことに昨日の痛みが嘘のように消えていたのです。それから私は、日常のなかで、この「手当て」を習慣にするようになりました。痛みの症状がなくても、体に手を当てて自分自身を観察するようになりました。このシンプルなケア方法を続けていくうちに、徐々に体調も安定して、薬もあまり飲まなくなりました。

◆「手当て」は病気を予防する

私たちは、症状がなければ自分の体のことをあまり気にしません。痛みが出てから、初めて体に意識が向くのです。でも、よく考えてみてください。痛みが出る前に体からサインが出ていると思いませんか？　例えば、痛みがある状態が「レベル5」、調子が良い状態を「レベル0」とします。「レベル0」から、急に「レベル5」になることは、あまりありません。「レベル2」「レベル3」と徐々に上がっていきます。これがイエローカードです。この警告に気づかせてくれるのが、「手当て」です。体調がすぐれない時にお腹を触ってみると、張りがあるなど、いつもとは微妙に違いがあるはずです。

「手当て」とは、自分の体との対話です。不調のサインを察知できれば、早めに休む、お風呂にゆっくり浸かるなどでリカバリができます。私たちは、普段、体のサインより、自分の頭（思考）を優先しています。実は、この行動が病気の種になっていくのです。自分自身を観察する、このシンプルな「手当て」には、病気を予防する知恵が詰まっています。

◆「手当て」は心も癒やしてくれる

社会人になると、様々なストレスと向き合わなければなりません。叱咤激励される場面もよくあることです。それを失敗や失望と感じると、自分を責めるようになってしまいます。受け止め方でストレスの種にもなるのです。こんな時こそ、「手当て」は助けになります。想像してみてください。体の中は様々な仕事をしている現場です。心臓さんは血液を送っている。胃腸さんは食べ物を軟らかくしています。自分は命令もしていないのに、黙々と命をつなぐ働きをしています。しかも、24時間営業です。寝ている間も、体のメンテナンスをしています。最も身近で私を応援しているのは、体という相棒です。私は独りではありません。私たちは人生という荒波を生きています。体はヨット、私は操船手に喩えられます。ヨットは私の命を守っている相棒です。荒波をそのボディーで受け止めて、私の盾になっています。自分の体に手を当ててみてください。命の働きを感じませんか？私を守っている存在がこんなに近くにいるのです。**いつも私に寄り添っている「当たり前」の存在に気づくことが、自分を癒やすことにもなるのです。**

◆親から子どもへの最高のギフト

お子さんが小さいと、熱を出すこともしばしばです。そんな時にも「手当て」は役立ちます。お腹に手を当てるだけでも、徐々に落ち着いてきます。お子さんへの愛情が、ゴッドハンドを育てます。「手当て」が日常の習慣になると、体の微妙な変化も感じ取れるようになります。体調管理がしやすくなりますので、食事のメニューを工夫することもできます。お子さんが成長して、おしゃべりが少なくなったとしても、「手当て」が教えてくれます。いつの間にか、家族を見守る「我が家のお医者さん」になっています。

このような環境で育った子どもたちは、自然とセルフケアが身につきます。この「手当て」を身につけた我が子が社会人になったとき、ストレスの多い環境下においても、自分の健康管理ができる大人になっています。やがて家族ができ、この「手当て」は、あなたのお孫さんたちも守っていきます。**我が子に伝えた「手当て」という最高のギフトが世代を超えて受け継がれていくのです。**

◆健康は体の声を聞くことから

私たちの身の回りには、便利で快適なものが溢れています。スマホ一台あれば、様々な情報が瞬時に手に入ります。健康情報も溢れています。一方で、いろいろ試しては、迷子になっている人も少なくありません。

私は、よくこんな質問をされます。「〇〇はどのくらい食べたらよいですか？」そんな時、こう答えます。「それは、ご自身のお体に聞いてください」。人の体は、人それぞれです。情報ばかりを追いかけていると、自分の体の声が聞こえなくなってしまいます。「体は小宇宙」といわれるように、すべての真理が詰まっています。誰もが自分を守れるゴッドハンドというセンサーを持っています。自分自身を観察するように「手当て」を習慣にしていくと、センサーの感度が上がっていきます。自分の体が喜ぶ食べ物も自然とわかるようになっていきます。

今、慢性的な不調でお悩みの方が増えています。薬だけの治療では、出口が見えなくなっているのです。体には、元々回復する力が備わっています。体は、私たちが思っている以上に、たくましいのです。「手当て」という言葉が残っているように、このシンプルで奥深い知恵は、古《いにしえ》の人々が日々の暮らしに取り入れていたものです。**自分の体を信じ、相棒と対話することが、健康への第一歩です。**「我が家のお医者さん」が増えていけば、元気な子どもたちも増え、社会全体が明るくなるはずです。

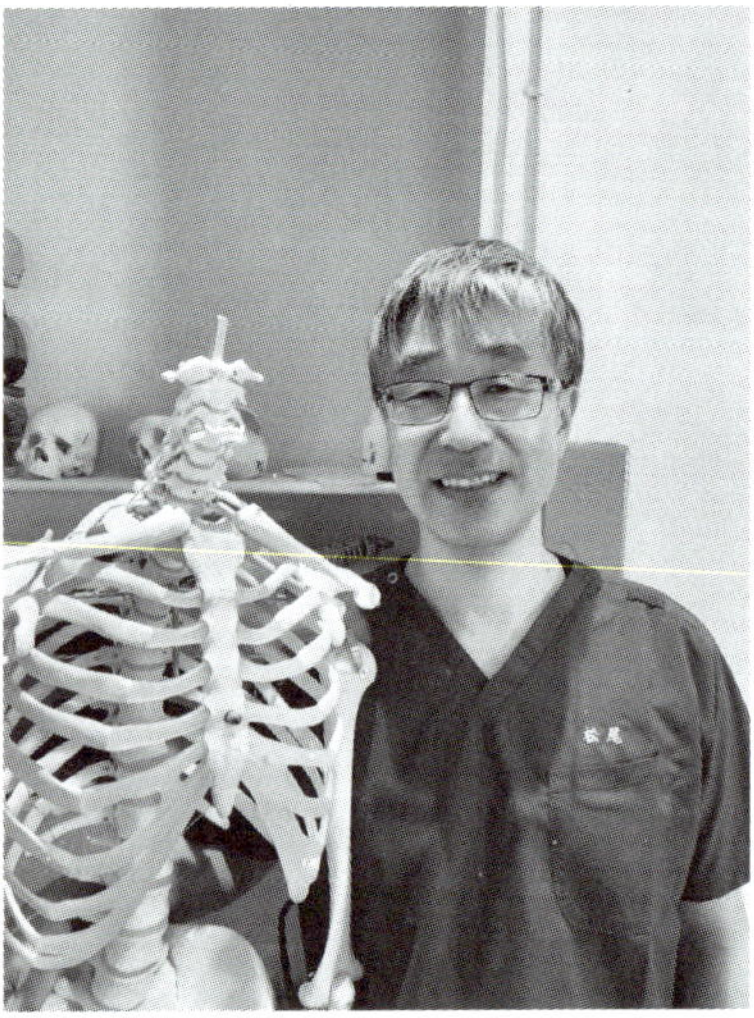

松尾 憲人（まつお のりと）

◆プロフィール

会社員の卒業を控え、セカンドキャリアへの準備として、体と心のケアを学んだことがきっかけとなり、慢性的な不調に悩む社会人をサポートする「心身応援サロン be with」を開設。「整体」「メンタルケア」「生活改善」の3要素をトータルで整えるオリジナルのコーチング手法により、根本的なアプローチを行い、胃腸障害、睡眠障害、アレルギー症状などに悩むクライアントを改善に導いている。最近では、声解析からのメンタルケアにも力を入れている。また、自分自身の不調症状を手当てにより緩和したことに衝撃を受け、予防医学の健康講座を通じて、幼稚園に通う保護者向けに「手当て」の普及活動も行っている。

◆参考情報

［所有資格］
日本手技協会公認セラピスト／HCU公認ヘルスコーチ／心理トレーナー「よしだひろちか氏」師事／クォンタムヴォイスアカデミー公認声印象アドバイザー

◆連絡先

①ホームページ
心身応援サロン be with

（HP）

②ＳＮＳ
インスタグラム：松尾憲人
ＬＩＮＥ：心身応援サロン be with
③メールアドレス　info@be-with.live

（LINE）　（インスタグラム）

第4章

保護者が自信と勇気を持てる心構えや考え方へのアドバイス〈その1〉

～子育て／教育への心構え・考え方編～

未来を創る子どもたちを笑顔に導くママになるために

NPO法人ブリリアント代表理事　安達菜未

◆不登校はなぜ増え続けているのか

私には、二人の子どもが不登校になった経験があります。

15年前、長女が不登校になった小学5年生の当時は、まだクラスに一人いるかいないかくらいの珍しい時代でした。それが今ではクラスに3人は当たり前、全国でも毎年どんどん増え続け、現在では小中学生の不登校は34万人を超えました。

そんななか、日本の10代の死因の1位は自殺ともいわれ、その一番多い理由は「学業不振、進路の悩み」だそうです。

競争社会のなかで人と比べることが日常の世の中。

今現在、支援で関わっている不登校・引きこもりの子どもたちは、皆真面目で完璧主義です。やるなら失敗をしたくない。人からどう思われるのかがすごく気になって、「人と関わるのが怖い」というような共通点があります。

そしてもう一方では、発達特性があり繊細で敏感な子どもたちも増えています。学校という枠の中で皆と同じようにできなければならない、決められたルールと平均を求められるなかで、凸凹ではみ出してしまう子はやっぱり学校には居づらくなってしまいます。

今ではだいぶ認知されてきて周りの理解も高まり、発達特性を個性として認められる居場所もどんどん増え、昔よりは生きづらさを抱える子どもたちの受け皿が全国にも広がっています。

やっと、多様性が認められる時代にシフトチェンジしてきたように思います。

◆子どもの個性を伸ばすには

発達特性があったり学校に行けない子どもたちが一番つらいのは、周りに理解してもらえないという状況でした。

実は、彼らは独特の才能や特技を持っていることがあります。

これは一つの例ですが、私の娘も生きづらさを抱える一人でした。二次障害で摂食障害と自傷行為もあったため、閉鎖病棟に入院していたときは、毎日好きな絵を描いていました。絵を描くことで自分を保っていたのです。そして、絵を学びたい一心で私の心配や反対を押しきり、なんと自宅から離れた美術大学を受験して合格。絵を学ぶために大学に行きました。

私は、皆と足並みを揃えなくてはならない学校には行けなくても、好きな絵のためならどんな困難を乗り越えても学びに行く娘を見て、好きなこと・得意なことが一つでもあるなら、それはその子にとっての最高の武器であり宝でもあると思いました。

娘は絵でしたが、歌や音楽やダンス、造形、文章、喋ること、何でもよいのです。お子さんは何が好きで何が得意かを観察してみると、いろいろな発見があるかもしれません。

勉強や成績が一番の基準になってしまうのではなく、その子個人のアイデンティティを確立する場があることが大切です。家庭や学校に限らず習い事でもよいので、子どもの個性を伸ばせてそれを受け入れてくれ、活かせる場があることが重要なのです。

お子さんが夢中になってできることには、得意のヒントが隠されています。

◆完璧な子育てを目指すお母さんの落とし穴

子どもが生まれたとき、お母さんは初めての子育てに「愛情いっぱいに元気に育ってほしい。笑顔で自分らしく育ってほしい」と願っていたはずです。ですが、「真面目できちんとしなければ！」というお母さんほど、他の子と比べてできないことがあるとなぜできないの？と悩んだり、学校の成績が下がると子ども以上に落ち込んだり、何か失敗すると次は失敗させないようにと先回りしてしまいます。些細な行動にも一喜一憂して、自分の子育ては失敗したのではないか、間違ったのではないかと自分を責めてしまいます。

かつての私も、完璧なお母さんにならなければと世間の目を気にしてばかりいました。

娘が「生きるのがつらい」と自分の体を傷つけ、命の危険を目の当たりにして気づかされたことは、「生きているだけでいい」ということでした。学校に行けて成績が良くてという条件つきの子どもではなく、ただそこに存在しているだけで尊くて愛おしい子どもだと気づいたのです。

これは私の好きな心理学の先生のお話です。ある日、ドラえもんがポケットをなくしてしまいました。のび太君は何と言ったでしょう？「ポケットがないドラえもんなんて役に立たないからいらないよ」と言ったでしょうか？それとも「ポケットがなくてもドラえもんはドラえもんだから友達だよ」。皆さんはどう思いますか？

お子さんも同じではないかな、と私は思います。何かができるから、という条件つきで我が子を見るのではなく、たとえ何もできなくても**我が子は尊くて愛おしい存在だ**ということが大前提です。

ですが、学校や社会の中では比べざるを得ない場面に私たちは度々向き合わされてしまいます。そんな時はドラえもんの話を思い出して本来の大前提に思いを馳《は》せてみてください。もしかすると、どうしてもそう思えないときがあるかもしれません。それはきっと、お母さん自身が疲れていたり、今まで子育てや家族のために頑張りすぎてきたからです。

お母さんがもっと自分を優先して休んだり楽しんだり、癒やしたり、頑張っている自分、時には失敗もする自分を認めて受け入れてみてください。たとえ完璧なお母さんでなくても自分は尊くて愛おしい存在だと気づけたとき、お子さんも、本来の才能をのびのびと発揮できる関わりが自然とできるようになるはずです。

◆幸せな子離れのすすめ

子どもたちが笑顔で生き生きと人生を歩んでいけるようになるには、親自身が人生を楽しんでいるかも重要な要素です。

お子さんが思春期になる頃までは、当たり前に身の回りのお世話をしたりお弁当作り、塾への送り迎え等をして、お仕事もされていたら自分の時間はほとんどないと思います。

ですが、13歳くらいからはお子さんに自分のことは自分でできるよう、親が少し早い段階からはっきりと予告しておくことがおすすめです。

お子さんから頼まれたことには協力し、できないときはきちんと断るということを徹底することで、子どもも人にお願いすることや、相手にも都合があることを学びます。親が善かれと思って頼まれてもいないのに先回りをしてしまうと、子どもから失敗を経験する機会を奪ってしまうことになります。少しずつ少しずつ手を放していくことで、子どもも社会に出ていく準備をしていけるのです。そしてお母さんも、１００％お子さんに向けていた意識を今度は自分に向けていく段階です。環境が変われば人は成長し、変わることができます。**お母さんも、子どもにとっては環境の一部です。**お母さんが好きな趣味に夢中になったり、やりたいことをして生き生きとして笑顔でいたら、家の中がパワースポットのようになり、家族が充電できる環境をつくれます。

このように、**お子さんが思春期になるときは、親子にとって精神的な自立のチャンスなのです。**

子どもはお母さんを選んで生まれてくると聞いたことはありませんか？

しかもそのお母さんを「幸せにするために」です。

どんな困難があっても、子どもはお母さんが笑顔で幸せになるためにあらゆる手段を使って、時には体を張って私たちに気づかせてくれます。

それは、お母さんが幸せに生きるための子どもからのメッセージなのです。

安達 菜未（あだち なみ）

◆プロフィール

ＮＰＯ法人ブリリアント代表理事（不登校引きこもり自立支援サポート）

二人の子どもの不登校をきっかけに２０１９年にＮＰＯ法人ブリリアントを設立。

約10年間、自分や子どもたちと向き合い、問題は子どもではなく自分の在り方がすべての根源だと気づきました。

同じように子どもの不登校に悩むお母さんや、子育てに自信が持てないお母さんを一人でも減らしたい！　子どもが自分らしく笑顔で生きるためには、まずお母さんを笑顔にしたい！という思いが強くなり、現在の活動につながっています。

◆提供しているサービス内容

耕せにっぽん引きこもり、不登校相談

不登校の保護者のためのランチ会開催

お母さんのためのペアレントサポート（オンライン）

お母さんのためのオンラインヨガ

家族が笑顔になる腸活講座

マインズカラープロジェクト（生きづらさを持つ子どもたちのアート支援）

◆参考情報

［所有資格］

・日本心理療法協会１級心理カウンセラー
・耕せにっぽん認定指導相談員
・個性認識学認定アドバイザー
・ライフキャリアアドバイザー
・リブレスヨガインストラクター

◆連絡先

①ホームページ
minds color Project ブリリアント公式ホームページ

②ＳＮＳ
インスタグラム：安達菜未
ＬＩＮＥ：マインズカラー☆ブリリアント

③メールアドレス　brillante0930@gmail.com

（LINE）　（インスタグラム）

ありのままの自分を受け入れる

阿部亮介

◆私は100点満点!!

親なら誰しもが子どもの将来に夢や期待を膨らませていますよね。そんな親の皆さんに質問です。「今のご自分は100点満点中の何点ですか?」。私はメンタルコーチとして、セミナーの冒頭に必ずこの質問をします。大抵の方は「私なんか全然ダメだよ」とご自身にかなり厳しくされていて、総じて低い点数をつけています。日本人の国民性として「謙遜」する文化があるのはわかりますが、大半の親の皆さんが日常的に勇気を挫かれている現状が見受けられます。

◆アドラー心理学における幸福の3条件

アドラーは、幸福になるために「自己受容・他者信頼・他者貢献」という３つの条件があると言っています。**その最初であり根幹になる考えが「自己受容」であり、「ありのままの自分を受け入れる」ことが最も大切とされています。**そうでないと自分自身とのミスコミュニケーションが発生してしまい、「こんなはずじゃない、いつもはもっとできるはずなのに」というマイナスな言葉が頭の中を駆け巡ります。イライラから負のオーラを放ち、結果が悪くなると自分に失望してしまい、未来への希望をすぐあきらめてしまいがちです。これは、お子さんのことに対しても当てはまるのではないでしょうか？

◆プライドが邪魔をする

「ありのままの自分を受け入れられない人」とは、自分に厳しすぎる人＝プライドが高い人とも同義だと考えます。自分に厳しすぎる人は、できなかったことを恥ずかしいと感じるので、失敗の可能性があるものになかなか手を出しません。やむなく挑戦したとしても、失敗すると再度目標に向けて進もうとは思えなくなります。自分を受け入れるということは、できない自分を許せるということでもあり、「失敗や障壁は目標達成に至る過程で必ず発生するものだ」と発想を転換してみることです。

◆子どもの前に自分

考えてみてください。我が子の将来を良い方向に導きたいと願っている親の皆さんが、自分自身のことを信頼できずにマイナス感情にとらわれていたら、本当に良いアドバイスをしたり良い親子関係を築けるでしょうか？

「こんな私でもいいいんだよ、今日はうまくいかなかったけど、次また頑張ろう」と、まずはありのままの自分を承認し、自分自身を抱きしめてください。それができると「こうあるべき」というこだわりから解放され、「今の自分はこうなのだ」と正確な現状把握ができるようになります。現状がわかるから目標への道筋が明確になります。

◆現状把握の重要性「今何が起きている？」

私はスポーツメンタルコーチとして、多種多様なスポーツ選手との1 on 1を多く実践してきました。そのなかから選手自身が「自分の状態を正確に分析・判断できる」ことで成長曲線が劇的に向上することがわかりました。試合中にピンチから立て直せない選手は、「こんなはずじゃない」という脳や身体からのサインに抗ったまま負けてしまいます。

では、ピンチから立て直せる選手たちの中では何が起こっているのでしょうか？「こんなはずじゃない」という脳や身体からのサインをしっかり受け止め、「今、何が起きているのか」を一度冷静に考えます。「自分の身体の状態が想定より良くないな」とか、「対戦相手のレベルが分析より上がっているな」等です。「それなら、今ここからどうする？」という自分会議を経て、現状でのベストパフォーマンスを発揮できるように微調整を繰り返しているのです。

◆話を聞ききる

それでは、実際に子どもの本番発揮力を向上させるためには何をすべきなのでしょうか？　まずは**「話の腰を折らずに最後まで聞ききる」**ことです。よく言葉のキャッチボールが大切といわれますが、それはフラットな関係性だからこそできることです。多くの親子関係は上下関係になりがちで、子どもは否定されるかもと思えば、その先の言葉に本音が出にくくなります。

◆子の立場に寄り添う

親子関係では「どうせこうなんでしょ？」という決めつけによって相手の話を奪うことが多々あります。信頼関係の第一歩は最後まで話を聞くことで構築されるので、まずは相手の話と気持ちをしっかり受け止めましょう。そのあとで、その子の立場に立って感情に寄り添った言葉をかけます。「それは残念だったね」「とても悔しかったね」「すごく嬉しかったね」等と伝えれば、受け入れてもらえた安心感からその先もどんどん話が引き出せるようになります。

◆最も強力な質問

次に、自分の話を聞いてもらえてすっきりした子に対し、最も強力で効果的な質問は、「本当はどうなればいいと思う？」です。「うーん、何だろう？」と自分のことに関して真剣に考えるこの時間はゴールデンタイムであり、子どもにとって非常に貴重な時間です。その時はだいたいざっくりとした回答が返ってくるので、「それを実現させるにはどんな積み重ねが必要かな？」と深掘りして磨き上げてください。そして「その夢や目標を叶えられたらどんな素敵なことが起きるかな？」とワクワクする仮説を一緒に考えてみましょう。

◆人生は仮説を検証することの繰り返し

仮説を立ててみたものの、実際にはうまくいかなかったケースなんて山ほどあります。仮説自体が悪いのではなく、そこから仮説や予測を何度も立てて繰り返し検証することで臨機応変さが養われていきます。体調や気分はある程度自分でコントロールできますが、他人の状況や、やってみての結果と感想はその時でないとわかりません。

◆選択肢を提示する

いろいろな状況を予測して仮説を立てることは、子どもの年齢によって難しい場合があります。そんな時は、こちらから3択くらいで選択肢を提示すると効果的です。

親「こんなAパターン、こういうBパターン、その間を取ったCパターンがあるんだけれど、どれが一番いいと思う？　私ならこのCパターンを選ぶよ」

親にこれをやりなさいと上から目線で指示命令されると、俗に言う指示待ち人間になってしまう恐れがあります。しかし選択肢を提示した中から親の意見を伝えることで、ある程度導きやすくすることができます。一番重要なのは「自分で決断した（選んだ）」という事実です。その選択の繰り返しを通して自ら考え行動できるように成長していきます。

どの子どもにも光り輝く最高な未来を描き、夢や目標達成に向けて一歩一歩前進してほしいと考えています。そのためにも、**まずは親の皆さんがすべてを受け入れたありのままの自分でいることが大前提です。**できていなくても大丈夫、と物事の捉え方を見直し、自分を大切に家族と楽しみながら毎日を暮らしてほしいと願っています。

阿部 亮介（あべ りょうすけ）

◆プロフィール

岩手県宮古市で東日本大震災に遭遇。必死に避難しボランティアに励んだ経験から【自分にしかできない復興のカタチ】を追い求め2013年から学び始める。岩手から東京のスクールに何度も通い、ライフコーチング・スポーツメンタル・ペップトークの資格を取得。「磨き上げたスキルと鍛え上げたフィジカルを活かすのはメンタル次第」の信念のもと、会社員の傍ら、スポーツ選手や部活生へのメンタルセミナーや1on1コーチングを実施、最近ではPTAや教員へのセミナーや講演依頼も増加している。

◆提供しているサービス内容

・スポーツチームに対するメンタルセミナー（基本編・応用編・大会直前編等・全年齢対象）
・ペップトーク講演
・1on1コーチング（オンラインも可能）

◆参考情報

[資格] ㈱Another History認定コーチ（旧チームフロー）／(一社) FIELD FLOW認定スポーツメンタルコーチ／(一財) 日本ペップトーク普及協会 認定講師／(交財) 日本スポーツ協会 ソフトテニス公認コーチ3

◆講演、研修、コーチング依頼者・相談者へメッセージ

私のセミナーでは選手・指導者・親が一つの共通認識を形成し、三位一体となって自走する集団づくりを目指しています。その基本はコミュニケーションであり、それぞれの本音から最高の未来を導き出せる空気感を大切にしています。オンラインの１on１コーチングでは、普段は気づけない自分の内側の奥深くにフォーカスし、新たな気づきから自己改革のサポートをしています。

◆連絡先

①ブログ
スポーツコーチネット明日へ（アメーバブログ）
②ＳＮＳ
Ｘ：阿部亮介＠メンタルコーチ
③メールアドレス　ryosky624@me.com

（ブログ）

子どもは笑って生きてくれればそれでいい

大西 恵

わたしが育児の目標にしたことは「死なせない」。息子が小学1年生になった今も変わりません。なぜこの目標にしたか。子育てのなかで何か目標を立てるつもりはありませんでしたが、まずは心身共に健康が一番だよなぁ、くらいでした。わたし自身も親から勉強のことなど厳しく言われなかったことが関係しているのかもしれません。

◆親の自分責めは無意味

子どもを死なせないということは、食事を十分に摂らせる必要があるということ。息子が2歳過ぎの頃、急に食が細くなり、食べムラも出て食事に集中できずほとんど残すようになりました。当時、わたしの仕事が忙しく休日に作り置きしたものをレンチンして出していたことが原因かと思い、できたてやレシピサイトのそれ通りに作っても食べない。

そんな時、ネットで見かけたある言葉「子どもの食事はお供え物」。お供え物として出せば食べなくても何も思わない。バランスの良い食事を出し、親の責務は果たしました。あとはあなた次第です。自分が悪いと思っていたけれど、このマインドに救われました。でも、死なせないことが目標なのに食べなければ死んでしまう。当時の息子のマイブーム〝スティックパン〟でしばらく乗りきりました。親が頑張っても食べない。いつまでも親は自分が悪いなんて言っていられない。食べられるものを食べてりゃいい。

◆常識＜子どもの優先事項

とはいえ、この食生活をいつまでも続けるわけにもいかず、どこかで切り替えなければと思っていた頃、親が何をしても食べないなら、親じゃない何かに何かをしてもらおう！とひらめいたのがYouTubeです。既にYouTubeの虜《とりこ》になっていた息子。食事の時にタブレットを置いてみました。最初はYouTubeに夢中でしたが、わたしが一口、二口と口に入れると食べ始めたんです。これはいける！と思い「自分で食べてごらん？」とフォークを渡すと食べ始めた！　最初は出した物を自分で完食できるようになるまでと軽い気持ちで始めましたが、それができるようになるまで約半年。

そして案の定、周りからは「ご飯中にYouTubeありなの？」「味とかわからなくならない？」と言われましたが、うちはありなんです！　モリモリ何でも食べるお子さんもいれば、そうではない子もいる。**常識的な育て方はベースにあるけれど、それがすべてじゃない。**批判されたって、今、その子にとって優先すべきことは？　それを実行させるにはどうしたらいいだろう。きっと何を食べてどんな味がするかなんて、わからなかったと思いますが、そんなことより食べ物を体内に入れることが優先。もちろん今はYouTubeなしで、時間はかかるものの自分で完食して嫌いな食材の味もわかるようになっています。死なせないために考えた策。「わたし、やるやん！」くらいに思っています。

◆親と子の笑顔を守るには

わたしのキャパは狭いです。すぐに、わぁーーっとなります。**常識的な育て方をベースにそれをどうアレンジすれば親と子の気持ちが楽になるか。**そのほうが大事だと思っています。批判されることもあるし、自分でもこれでいいのかと悩むこともある。わたしだって実行に移すまでは悩みます。今だって悩み中です。でも、毎日子どもと過ごすのは親。批判してくる人じゃない。だったら大きなお世話。息子は「〇〇くん、いつも笑って楽しそうだね」と言ってもらえることがよくあります。先日、担任の先生に「給食を時間内に食べ終わることができません」と言われました。「息子はその時間、何をしているんでしょうか？」と質問したところ、「笑ってます」「お友達と話してスイッチが入ると笑いすぎて食べられないみたいです」と先生。そう言われたら「息子にちゃんと食べるように言い聞かせます」となりそうですが、わたしは「すみません。他のお子さんのご迷惑になるようなら注意しますが、息子が楽しそうならそれでいいと思っていますので、放置してくださいい」と伝えました。迷惑にはなっていないとのことだったので、先生も笑って了承してくださいました。

わたしのキャパも狭いし、イライラしないようユルユルの子育てです。息子にできないことがあっても、一生懸命やっていればＯＫ！　一生懸命じゃないときは本気で叱りますが、お互い無理しないことを心がけています。子育ての方針はそれぞれ。常識にとらわれていたら親も子も笑えない。子どもがいつも笑顔ならそれでいい。親も自信を持っていい。**子どもの笑顔こそ、親が自信を持っていい証拠**だと思います。

◆親がしてあげられること

息子について、ある診断が３歳前に出ました。軽度ではありますが、成長も発語も遅い。おもちゃは片っ端からひっくり返して遊ぶ。言葉で〝イヤ〟を伝えられないのでいつも泣き叫び、わたしが抱っこすると血が出るほど噛みつく。そのうち自傷行為（思い通りにならないと床におでこをぶつける／以下「床オデコ」）をするようになります。さすがに床オデコは危険なので、始まってすぐに保健師さんに相談↓検査↓診断。なるほど、そういうことだったのか。じゃあ次にできることは？とすぐに療育を開始しました。療育でも変わらず脱走、床オデコ、噛みつき、頭突き。でも、先生方の声かけや対処法を学び、家でも実践。最初は何の効果もなく、意味ないわ！と心が折れそうでしたが、根気よく療育と家での実践を続けたことで徐々に改善していきました。

それまではユルユルの子育てをしてきましたが、床オデコを見たとき、さすがにこれは見過ごしてはいけない。身体的・精神的に息子の将来が大きく変わってしまうと、その時の最善を実行しました。息子も、自分を傷つけてまで気持ちを伝えようと必死だったのだと思う。つらい思いをしてきたのに、本当によく頑張ってくれたと思います。おかげで幼稚園の年中さんの秋頃には療育も卒業し、今では普通学級に通い、多少理解や行動に遅れはあるものの、毎日お風呂で大声で歌うなど楽しく過ごしています。

◆心も死なせない

息子のあの状態を受け入れず、何も対処していなかったら、今の息子もわたしもいなかったと思います。体は元気でも心が死んでいたと思う。**「死なせない」には「心も死なせ**

ない」ということを含んでいます。今までも、今でも批判を受けそうな子育てをしてきました。でも、それがいいとか悪いとかではない。親子にとって最善のやり方でいい。ママ友などに批判されたことはあっても、夫や父、姉、親しい人たちから批判をされなかったことが、息子もわたしも頑張れた一番の理由だと感謝しています。また、元々白黒ハッキリマインドのわたしが、柔軟な考え方も必要ということを身をもって教えてくれた息子にも感謝しています。

そして何より、つらい思いを共有し一緒に頑張ってくれた息子は本当に愛おしい。一人の母親の子育て記録のような内容になりましたが、ただ一つだけお伝えしたいのは、**子どもが心身共に「生きていること」が最重要事項**だということです。息子に対してはそれ以上のことは望みません。成人したら自立して、人に迷惑をかけないでね！とは望みます。最後に、子どもを取り巻く環境は様々ですが、「生きている」子どもが増えることを願っています。

大西 恵（おおにし めぐみ）

◆プロフィール

34歳の時に第一子男児を出産。ほぼワンオペ育児のなかでも、母子共に、心身共に健全でいられるように常識にとらわれない育児を実践。現在は20年間の接客業で培ったコミュニケーションスキルを活かし、コミュニケーション講座を開講。アパレル販売員向け接客講座を開講予定。

実績：全国展開アパレルブランド「お客様アンケート」全店1位に接客育成リーダーとして導く。

◆講演、研修、コンサルティング依頼者・相談者へメッセージ

お仕事のご依頼はメール、またはSNSのメッセージからお願いいたします。

◆連絡先

①SNS

フェイスブック：大西恵

②メールアドレス　0519gachakun@gmail.com

（フェイスブック）

30年後の子どもの幸せのために
～親にしかできない3つのこと～

後藤高浩

◆子育ての究極の目的とは？

子育て中の保護者の方は、様々なことに悩みながら毎日を過ごしていると思います。そんな忙しいなかだからこそ、子育ての最終目標・究極の目的とは何なのかということについて、少し考えてみていただきたいのです。言い換えれば、**「将来どういう子どもに育てたいのか？」**ということになるでしょうか？

私は、「30年後に我が子が幸せになれているか？」という視点がとても大切だと考えていて、様々な場でそのことを発信しています。子どもが今15歳だとすれば、30年後は45歳。会社でもそれなりのポジションで働いているかもしれません。家庭を持って、良きパパ・ママになっているかもしれません。順番で言えば、親のほうが先にこの世からいなくなるわけですが、その時に、「あー、我が子は人生を楽しんでいて、本当に幸せそうだな……」と感じることができれば、自分の子育ては成功だったと総活できるのではないでしょうか。私は、究極的には、それが親の子育てに関する最終目標だと考えています。

40年近く塾講師をやっていると、教え子が塾を卒業してから20年、30年くらい経ってから再会することも少なくありません。塾に併設している結婚相談所に入会し、一緒に婚活に取り組むこともあります。様々な話をするなかで、とても幸せそうな者とそうでない者にくっきり分かれていることに気づきます。最近は、目の前で受験生たちと接していても、「この子は将来幸せになれるだろうか……?」という視点で見ていることがあります。受験の結果はもちろん重要ですが、子どもたちには長い目で将来幸せになってほしいと強く思います。

◆親にしかできないこと〈その1〉
「折に触れて将来のビジョン(選択肢)を示すこと」

「長い目で我が子を幸せにする」という視点が持てていれば、目の前のことの失敗・挫折に必要以上に落ち込まずに済みます。受験勉強に関して言えば、「たとえここで不合格になっても、今まで頑張って取り組んできたことは絶対に無駄ではないし、この経験をバネにして次のステージに立ち向かっていってほしい」と親が心から思えているご家庭は強いです。そういう考え方を、入試に臨む前に親子で共有しておいてほしいのです。それができれば、不合格となって親子で長い期間落ち込んでしまったり、燃え尽きてもう何もやる気が起きないというような悲惨な状況になることはありません。

受験だけでなく、親はもっと**長い目でのビジョンや選択肢を我が子に伝えていくべき**だと思っています。高校→大学と進学したその先に何をやりたいのか、どんな会社でどんな仕事をしたいのか、そこで成し遂げたいことは何なのか……。プライベートでは、何歳くらいで結婚したいのか、子どもは何人欲しいのか、どんな家庭を築きたいのか……というようなことを、折に触れて話し合ってほしいのです。小学生や中学生くらいだと、なかなか具体的な話までは進まないことが多いでしょう。それでもいいのです。社会のことを知っている親が、正確な情報を与えて、選択肢とそのために必要なことを示すことが、とても重要だと思うのです。

◆親にしかできないこと〈その２〉
「子どもの自己肯定感を高めること」

受験勉強の過程でもそうですが、将来社会に出れば苦しいこと、困難なこと、理不尽なことにたくさん出合います。その時に、自分の力で乗り越えていくことができるようにしてあげることが、とても重要な親の役割ではないでしょうか。

将来我が子が困難を乗り越えていけるようにするためには、自分に自信を持てるようにすること、**自己肯定感を高めることがとても重要**です。自己肯定感が高ければ、多少困難なことに遭遇しても、最終的には自分の力で乗り越えられることが多いですし、逆に自己肯定感が低いと、すぐにあきらめてしまったり、ちょっとしたことで挫折してしまうことが多くなります。

子どもの自己肯定感については、一番長い時間一緒にいる親の影響が大きいです。よくいわれているのは、親に他人と比較され続けている子どもは自己肯定感が低くなるということです。兄弟姉妹や友人と常に比較されて、ダメ出しをされ続ければ、子どもの発達にとってマイナスにしかなりません。「褒めて育てればいいですよね?」と言われることが多いですが、そんなに簡単なものでもありません。子どもたちがその時その時で出した成果で褒められたとしても、(その場では嬉しいでしょうが)次に失敗したら叱られるのではないか、成果を出せない自分は親に嫌われてしまうのではないかというような不安を感じるケースが多いのです。

親が子どもに与えなくてはならないのは、**「無条件の承認」**です。「あなたがどんな状況であっても、お母さん（お父さん）はあなたのことを大切に思っているよ」ということです。（勉強等の）成果がどうであろうと、「あなたの存在自体を愛している」ということを折に触れて伝える必要があると思います。子どもが生まれたときや小さい頃は、そういう機会が多かったはずですが、小学校の高学年や中学生・高校生くらいになってしまうと、それがなかなか難しくなります。顔を見る度につい文句を言ってしまったりしますよね……（苦笑）。

私は、我が子が学校でトラブルに巻き込まれて悩み苦しんでいるときに、「世界中の全員が敵になっても、パパだけはあなたの味方だよ！」と伝えたことがあります（いったいどんな状況だ？　笑）。極論を言えば、こういうことなのではないでしょうか？　子どもが「一度くらい失敗しても、また次に頑張ればいいんだ。自分にはきっとできる！」と思えることが大切ですが、「今後どんなに苦しいことがあっても、最終的に親だけは体を張って自分のことを守ってくれる」という安心感は、子どもの自己肯定感にとって大きなプラスとなるはずです。

◆親にしかできないこと〈その3〉
「まずは親が幸せになって範を示すこと」

私は保護者の方との面談の際に、「お母さん（お父さん）は今、幸せですか？」という質問を投げかけることがあります。その際に、とても微妙な反応をされる方が多いです。即答で「はい、幸せです！」という反応が返ってきたことはほとんどありません。

子どもを幸せに導くためには、まず親が幸せそうでないとダメだと考えています。夫婦・家族が仲良く、円満に暮らしていることも大切でしょう。子どもが、将来こんな（自分の親のような）家庭を築きたいと思ってくれれば言うことはありません。ありがちなのは、子どもに幸せになってほしいので、自分（親）の生活は犠牲にしてでも……と考えてしまうことです。そんな様子を日々見ている子どもに、将来幸せになれと言っても説得力はありません。子どもは親の日々の生活・生き様をよく見ています。まず、**親が毎日の生活を充実させて、人生を楽しんでいる様子を子どもに見せることが大切**だと思います。親が幸せそうであれば、子どもも将来そうなりたいと思ってくれるでしょう。

親が子どもを幸せに導きたいのであれば、言葉で働きかけるだけでなく、日々の生活のなかで、自らの背中で子どもに生き様を示すことがとても重要なのではないでしょうか？

後藤 高浩（ごとう たかひろ）

◆プロフィール

都内の大手進学塾で25年以上にわたって講師を務め、本部長・取締役等を歴任したのち、自分が理想とする教育の場を提供するために、東京八王子に「GS進学教室」を開校。難関校への高い合格実績が評判を呼んで、満席で入塾待ちの生徒が多数出る人気塾へと成長した。結婚相談所、FP事務所、カウンセリングルーム等を塾に併設し、「子どもたちの一生の幸せ」のために、日夜奮闘中。

◆提供しているサービス内容／参考情報

難関中学・高校・大学受験専門の進学塾／結婚相談所／FP事務所
カウンセリングルーム／講演・研修／学校・塾のコンサルティング
［著書］
『子どもの幸せは親次第！』（ギャラクシーブックス）／『自学力の育て方』（共著）（KADOKAWA）

◆連絡先

①ホームページ　GS進学教室
②SNS　LINE：GS進学教室
③メールアドレス　gotton@ktf.biglobe.ne.jp

（HP）

（LINE）

子育ての原点を考える

田川 智

◆グローバル思考を育てるために

私は、長年幼児教育に携わってまいりました。そして13年前「しっかりと相手の立場に立って考えるグローバルな思考の日本人を育てる」ために、神戸市東灘区の六甲アイランドに高羽六甲アイランド小学校を開校いたしました。干支で言えばひと回りの節目になる今年、本校で実施してきたアフタースクールケアー（学童保育）をすべて英語で行うプログラムを始めました。英語を通してしっかりとした日本人を育てるため、本校の建学の精神や理念のもと、理科室での実験、家庭科室でのクッキング、体育館での体育プログラム、ゲーム、フォニックス、智能教育など本校の施設を活かしたプログラムを実施しております。公立の小学校の児童も受け入れながら地域との関係を強めつつ、新しい試みを実践しながらこれまでの教育を進化させたいと思っております。

◆初めて経験することは不安になる

親は、とりわけ第一子に対して子育ての経験がないため、病気や発達等、不安になることが多くあります。幼稚園や保育園の入園に際しても様々なことに気を揉み、小学校から中学校、高等学校や大学に入学する度、就職する年齢になっても心配は尽きません。これは経験のないことや少ないことに対する不安の表れといえるでしょう。ですが、**子どもは多くの経験を重ねることで、自信や自己肯定感を高めていきます。**より多くの経験をさせることが子育てのツボの一つです。子どもへの言葉がけによって、たとえ失敗してもより良い経験になり、次への挑戦や意欲につなげることができます。

◆子育ての原点は名前をつけるとき

我が子に名前をつけるとき、親や祖父母の名前から一字をもらうこともあるでしょうが、多くの親が、どのような人間に育ってほしいかを願い名前をつけると思います。漢字を使う際は意味を加味して、その名に相応《ふさわ》しいように育ってほしいと願います。名づけは子育ての原点といえるでしょう。

ですが、子育てにおいては喜びだけではなく、困ることもたくさん出てきます。その度に、原点である名前をつけたときの気持ちを思い出してみましょう。原点とは単に出発点を指すのではありません。学校の建学の精神や理念が、どのような人間に育てるかという終着を指すように、終着点である以上、考えのもとになる価値観も含んでいるのです。そのため**原点は、出発点、終着点、価値観を含んだものになります。**子育てに困り悩んだときに、原点である名づけを思い出せば、方向を見失わずに、原点回帰ができるでしょう。

◆関係性と主体性

人の間と書いて人間と読むように、**人は、関係性のなかで生きています。**例えば、尊敬する人に注意された場合、素直にありがとうと言えますが、尊敬できない相手であれば、あなたに言われたくないと思うことがあります。同じことを言われても関係性によって理解が変わり、教室の中と自然の中でも理解は変わります。机をコの字形に並べたときとスクールタイプに並べたとき、隣に誰がいるかによっても変わります。どの先生がいるかによっても変わります。また、英語の学習においても、使える場面があるかによって習得の度合いが変化します。乳幼児期の記憶力はスポンジが水を吸うように速く、思春期までにバイリンガル環境に身を置けば2カ国語以上を習得できると言われます。母語は環境のなかで自然と獲得し、第二言語は母語を介して学習していきます。日本語は相手を察しながら話したり聞いたりしますが、英語は伝えたい情報をしっかり入れて話すので、論理性が高い言語だと位置づけられます。

◆思考力のもとになる素話と経験値

漢字教育で著名な故・石井勲博士は、漢字は観ることのできる言語だと述べました。文字ではなく言葉として捉え、漢字は読みと意味があるので、平仮名やアルファベットとは異なり、音の塊《かたまり》ではなく漢字そのものだけで伝わると考えたのです。現存する言語の文字で、意味と読みを同時に持つ漢字は希少であり、熟語も新しい意味を持つことがあります。

私は読み聞かせを重視した教育を続けてまいりました。高羽幼稚園、高羽美賀多台幼稚園、高羽六甲アイランド小学校では、教師が物語を暗記し、漢字のフラッシュカードを黒板に貼りながら語ります。これを私たちは**「素話《すばなし》」**と呼んでいますが、漢字を目で観て先生の話を聴くことで、目と耳両方の感覚を刺激し、記憶の定着を強めています。素話を聴くことで「努力なしに」物語の文章や漢字を覚えていきます。それにより話し言葉ではなく、正しい書き言葉が記憶されるのです。聴く力は話す力になりますし、読む力にもつながります。しっかり聴くためにも読み聞かせや素話はとても重要です。なんとなく聞くのではなく、情景を浮かべられるよう聴くことで記憶に残り理解が深まるのです。

歌詞を覚えるときも、メロディーを入れずに情景を浮かべながら歌詞を唱えることでその解釈が生まれ、理解が深まり記憶も確かになります。歌で育てるためには必要なことですし、国語力を高めます。そのあとでメロディーをつけて歌えば、自分の思いや解釈があることにより、非言語的な表現の質が高まります。しっかり聴くためには、音程を正しく聴き分けることが大切です。ピアノの音を聴かないで思い込みで歌うと、ピアノの伴奏が止まっても歌うのを停止できません。聴く力を育てることは、脳に確かな刺激を伝えるうえでも大切です。例えばリズムジャンプ、跳び箱、鉄棒、雲梯《うんてい》、登り棒、左右のけんけん、くまさん歩き、地面に赤玉をばらまいて赤玉を踏まないように走る、コーンをランダムに並べ当たらないように走る等、多くの体の使い方を毎日行うことで、バランス感覚や膝の使い方、筋力がつきます。そして脳の神経細胞のネットワークが複雑につながり、脳が良く働くようになります。

まとめ――関係性の哲学

幼児期や学童期にピアノを習得した子どもが中学生から違う楽器を始めても、脳の中で共通するものはネットワークでつながっているので、初めて楽器を習得する子よりも早く上達します。運動にしても然りです。遠足に出かけることも、回数が増えるごとにこれまで体験したことの上に新しい体験を積み重ねていくのでさらに新しい発見ができ、より思考力が高まります。俳句を詠む際に現地に行くことを吟行《ぎんこう》と言いますが、数多く出かければ、これまで目に留まらなかった自然の美しさに気づけます。松尾芭蕉が全国を旅し、多くの自然の美しさを俳句で表現できたのも、津々浦々旅して、自然の美しさの再発見をしながら俳句を詠んだからだと思います。

私は、関係性の哲学のなかで思考するようにしてきました。人と人との関係だけでなく、どのような場所で、どのような人と接するかによって、同じ話をしてもうまく伝わらないことがあり、その度に体験値の重要性を感じます。これからを生きる子どもたちにもより多くの経験を、できるだけ自然の中で、のびのびと積み重ね、愛情をいっぱい注いで育ててほしいと思います。そして、親自身が愛情を持って変われば子どもも変わります。つまり、**子どもは親の写し鏡**でもあるのです。先生と子どもの関係性は、先生と親の関係性で決まります。親が先生を尊敬していれば、子どもも先生を尊敬します。子どもと先生の関係性が良ければ、教育効果が高まり学習効果も高くなります。これは幼稚園や保育園だけのことではなく、小中学生や高校生になっても忘れないでほしいと思います。気になることがあれば、子どもに気づかれずに、幼稚園や保育園、学校へ出向き、先生と話し合ってください。そして、親は我が子に、「あの先生はとてもいい先生だ」と話していただければ、子どもは素直に楽しく学習するようになるでしょう。最後になりましたが、今回このような執筆の機会を与えてくださいました皆さまに心より感謝いたします。

田川 智（たがわ さとし）

◆プロフィール

法政大学卒　関西学院大学大学院修士課程卒、学校法人高羽幼稚園理事長、高羽六甲アイランド小学校校長、高羽幼稚園前園長、高羽美賀多台幼稚園園長、神戸市立高羽児童館館長、全日本私立幼稚園連合会元政策委員、神戸市私立幼稚園連盟元理事長、兵庫県私立幼稚園協会元理事長、神戸大学医学部保健学科元臨地教授、兵庫県私立学校審議会元委員、神戸経済同友会幹事

◆提供しているサービス内容

乳幼児教育・保育、小学校教育、私立中学進学指導、教育相談、英語による学童教育（English Club）、預かり保育、学童保育、乳幼児スポーツクラブ、漢字教育、子育て相談、算数の積み木教室、ピグマリオン教室、智能教育、絵画教室、英語教室（GrapeSEED）

◆参考情報

〔所有資格〕　経営学修士

〔著書〕『高羽：高羽幼稚園と私の教育哲学』

◆連絡先

①ホームページ
　学校法人高羽幼稚園

②メールアドレス　takha3f@takaha-youchien.ed.jp

（HP）

こどもが小さい「今」を楽しんでほしい

中川陽子

私は、子育て支援センターなどで保護者の方々とお話しするなかで「イライラして、こどもに良くないことを言ってしまう」などの困り事に対応することがあります。そのイライラを保護者が自分でコントロールすることができたら、気持ちを穏やかにしてお子さんと関わることができるようになるのではないかと思い、保護者への子育て講座を行っています。

◆親が楽しそうにしていると、こどももよく笑う

～保護者自身がホッとできる時間や楽しく過ごせる時間を持とう～

こどもと一緒にいると、いつもこどもを中心に過ごすことを考えがちですが、お母さんやお父さんが楽しく笑顔で過ごしていると、こどもも自然と笑顔になりませんか。**相手を**

笑顔にするには、まず自分自身が笑顔になることが大事だと感じています。

「自分が楽しいことって何だろう？」と自分自身に問いかけてみてください。日常のささいなことの中にも、楽しいことを見つけられるかもしれません。自分が没頭できることが見つかれば、それは本当に幸せなことだと思います。子育てをしていると、慌ただしく毎日が過ぎていき、体験した出来事を振り返る余裕はないかもしれませんが、保護者自身がホッとできる時間や楽しく過ごせる時間を持つことができるといいなと思います。

◆こどもが小さい時期の「今」を楽しむ
～こどもと一緒に過ごせる時間は人生のなかではほんのひととき～

私自身も子育てを振り返ると、就園前までは本当に大変だったなぁと思います。なかなか寝てくれない時期や親から離れない時期、自己主張が激しい時期など、家族の協力が得られていたにもかかわらず、気持ちにゆとりがなくつらかった時期がありました。そんな時は誰かにこどもを託して、ぐっすり眠れる環境をつくってみてください。こどもと離れる時間を持つことで気持ちが少しリセットされ、こどもが愛おしく感じられるようになるのではないでしょうか。

こどもと過ごせる時間は、人生のなかではほんのひとときだと感じます。いずれ成長して巣立っていく存在だと思うと、**小さい時期の今を一緒に楽しく過ごすことが何よりも大切**だと思います。過去の後悔を引きずったり、まだ起こっていない未来のことに不安を抱くのではなく、「今」を楽しんで過ごしてみてください。

◆失敗しても「次に活かせばいい」と気持ちを切り替える

～時間的にも気持ちのうえでもゆとりを持つための工夫をしてみよう～

気持ちにゆとりがない時は、誰しもささいなことでイライラしてしまうことがあると思います。こどもは目に入った事柄に気を取られることがあるので、おとなの思うように行動することができないことも多々あります。朝など、特に時間にゆとりがない時には早く支度をしてほしいのに、「こどもが言うことを聞いてくれない」とイライラして、つい、きつい口調になって急かしてしまうこともあるのではないでしょうか。しかし、こどもの好奇心は、実は後の彼らの集中力や関心事につながる可能性も秘めています。こどもの発見を一緒に楽しめるような精神的なゆとりを持ち、こどもの行動はおとなの考える倍の時間がかかると思って見守っていただけると、自分自身のイライラを減らすことにもつながるでしょう。こどもや自分自身の失敗を恐れず、「失敗は成功のもと」と言われるように、**「次に活かせばいい」と気持ちを切り替える**ことで笑顔を取り戻せたらいいですね。

◆生まれてきてくれてありがとう、命って素晴らしい
～こどもが誕生したとき、どんな気持ちが湧いてきましたか？～

生きているだけで幸せ。そんなふうにこどもを見てみると、日常のひとコマひとコマが本当に幸せなことだと思えてきます。あの時、もしかすると事故に遭《あ》っていたら命がなかったかもしれない、今、生きていることが何よりも素敵で自分にとって宝のような存在……そう思うだけで幸せな気持ちになるのではないでしょうか。**「生まれてきてくれてありがとう」**と心の中で唱えてみて、普段のお子さんの姿にほほえましく目を向けていただけるといいなと思います。

◆出来事は、自分の捉え方次第で「笑い」にも「苦しみ」にもなり得る
～保健師による子育て講座を受けてみませんか～

同じ出来事を体験しても、笑いに変えることができる人と、ネガティブに捉える人とでは、その後の気持ちの在り方が変わってくると思います。過去の出来事は変えることができませんが、未来は変えることができます。**出来事は、自分の捉え方次第で「笑い」にも「苦しみ」にもなり得ます。**大らかな気持ちでこどもや自分に降りかかった出来事を受け

止め、自分自身の糧として次に活かしていけばいいと捉えてみませんか。

私は、認知行動療法という理論を学んでから、自分自身の捉え方が大きく変わりました。今では、日常のささいなことにも笑って過ごせるようになった気がしています。その理論を子育て講座に取り入れて、保護者の方々に受けていただく活動を続けています。お子さんの一番身近にいる保護者の方が、子育てに自信を持って毎日を過ごすことができるように、様々な子育て支援のサービスを活用してもらい、一人で苦しまないでほしいと願っています。保護者自身が笑顔で過ごせる環境づくりを、ぜひ一緒に考えていきませんか。

中川 陽子（なかがわ ようこ）

◆プロフィール
愛知県出身。筑波大学大学院卒（行動科学博士）。
保健師、助産師、看護師免許を取得し、保健センターにて保健師として従事。乳幼児期の親子関係の重要性に関心を持ち、子育て支援を続けている。

◆提供しているサービス内容

保健師による子育て講座

◆参考情報

［所有資格］保健師、助産師、看護師

◆講演、研修、コンサルティング依頼者・相談者へのメッセージ

［主な相談のテーマ］子育て、家族、愛着、イライラ

「笑顔溢れる子育て」を大切に、お子さんとの関わりについて一緒に考えていきませんか。

◆連絡先

①ホームページ
　COVID-19に対応する保健師のためのメンタルヘルス
②参考資料　中川陽子 researchmap
③メールアドレス　phn@ynakagawa.com

（HP）

いい親になろうなんて思わなくていい、自分なりの子育てを楽しもう

平川裕貴

◆いい親になろうなんて思わなくていい

なぜ？　所詮無理だから。

そもそもいい親ってどんな親ですか？

子どもに優しい親？　子どもに厳しい親？　なんでもやってあげる親？

必死にいい親になろうって「ああした」「こうしましょう」なんていう子育て本を読み漁《あさ》って、私には無理って自己嫌悪に陥る必要なんてないのです。

それらは他人のやり方。全く別の個性を持っているあなたにも、あなたの子どもにも合わなくて当然ですから。

◆実は正しい子育てなんてない

子どもって、例えば叱ったときや褒めたときの受け取り方にもすごく個人差があります。

どんなに厳しく叱っても全然堪《こた》えない子、他の子が叱られるのを見ただけで委縮してしまう子、褒めるとかえって悪ぶる子、褒められることをいつも求めてしまう子もいます。

ですから、褒めるのが正しいとか厳しくするのが正しいとか、一概にはいえません。

しかも、文化的な基盤や環境にも左右されます。

子育ては正しいかどうかではなく、その子に合っているかどうかと、バランスが大事。

◆そもそも子どもの問題行動は生き抜く知恵を得るため

子どもって次から次へと、大人がやってほしくないことをやってくれますよね。

でも、子どもはそれがなぜダメなのかまだわかっていないのです。

ただ本能のまま動いているだけ。

幼児期の子どものすることはすべて、長い人生を生き抜く知恵を得るための実験。

やってみて痛い思いをしたりケガをして、これはやるとまずいなと気づき、親に叱られてやってはダメだと気づき、褒められてやっていいことだと気づいていくのです。

ですから子どもにとっては、なんでも「やってみる」という経験が大事。

◆子どもの行動の良し悪しを教えてあげて

もちろん、子どもの命に関わることや大きな迷惑をかけることはすぐに止めて叱らなければなりませんが、生まれて数年の子どもに、周りの状況や善悪を判断して行動することを要求するなんて、無理ですよね。

ですから、間違ったことやいけないことをしたときは、きちんとしっかり教えてあげてください。ただ、親が叱っていることの中には、理不尽なことや、叱る必要のないこともたくさんあると思います。

◆子どもにとって親は自分を導いてくれるリーダー

親は子どもをコントロールするべきと思っているから、大人のペースに合わなかったり言うことを聞かないと、強く叱ってしまうのだと思います。

子どもはコントロールすべき存在ではなく、リードする、導くべき存在です。

先に生まれて社会経験を積んだ親は、これから社会に漕ぎ出す子どもに、社会での振る舞い方やルールを教えていくリーダーです。

ですから、子どもの間違いや不注意での失敗は、叱るのではなく、どうして失敗したのか原因を考えさせて、どうしたら防げるのか方法を教えてあげてください。

◆お節介ではなく見守りの姿勢で

子どもは最初からうまくできるわけはないので、まずはやってみせて、やらせてみて、できないときは手助けをしてあげ、やり方を教えたら、あとはなるべく手を出さず見守って。

多少時間がかかっても、幼児期の「自分でできた！」という経験の積み重ねが、自信ややり遂げようという意欲を育んでくれます。

幼稚園の年少くらいの子どもは、園で頑張っているぶん、家でそれまで以上に甘えることもあります。その場合は、十分甘えさせてあげてください。その時期はすぐに過ぎますから。

◆残念ながら万人に合うマニュアルなんてない

子どもたちを見てきて思うのは、本当に**子どもは一人ひとり違う**ということ。

同じ親から生まれ、同じ環境で育った兄弟姉妹でも全然違います。ですから、教育や保育、児童心理学を学んでも、子育てには苦労するのです。

本当にたいへんですが、子育ては、親である自分をも成長させてくれる機会。

親業は子どもと共にキャリアを積んでいけばいいのですから、開き直って自分なりの子育てを楽しんでみたらいいと思います。

◆大切なのは褒めると叱るのバランス

親だって感情を出していいと思います。
そうすれば子どもだって、自分も我慢せず感情を出していいんだって思えますから。
叱るのは子どもを思ってのこと。どうでもいい子なら叱りません。
叱られても、いえ叱られたらむしろ、子どもは親の愛情をしっかり感じます。
理不尽に怒りすぎたと思ったら、素直に反省して、その倍褒めてあげればいいのです。
優しさは厳しさがあってこそ引き立ちます。

◆親の見守り育児で育てる7つの力

長年子どもを見てきた私が、子どもが自ら夢を叶えるのに必要だと思う力は以下の７つです。

1　危険を察知する力や危険を回避する力
2　自分で考えて選択する判断力や決断力
3　自分はできるという自信や自己肯定感
4　相手の気持ちや立場を思いやる共感力
5　失敗を恐れず挑戦するチャレンジ精神
6　失敗や挫折に打ち勝ちあきらめない忍耐力
7　物事を大局的に捉え未来を見る俯瞰《ふかん》力

一見難しそうですが、どれも日々の生活のなかの簡単な会話で育むことができます。

◆７つの力を身につけさせるには？

子どもは普段の親の行動を見ていますから、日々の言動に少し気を配ってみましょう。

人生は朝から晩まで、小さなことから大きなことまで、考えて決めて行動という選択の繰り返しです。ですから、子どもに「ああしなさい」「こうしなさい」と親が決めたことに従わせるだけだと、子どもは何も考える必要がなくなります。

一方、子どもを自由に行動させると、子どもは無意識のうちに様々な選択をしています。どっちのおもちゃで遊ぼうか、どっちに行こうか、テレビを観るか本を読むか……。

子どもに選択の機会をたくさん与えれば、自然に考える癖をつけることができます。

◆選択の理由を意識させる

親が日々の会話の中で、例えば、「この道は車が少ないから遠回りだけど安全」「このおもちゃ貸してあげると○○ちゃん喜ぶね」「早く帰らないと暗くなるね」などと、なぜそうするのかを話していると、子どもにも親の判断には理由があるとわかるようになります。その判断基準は今後起こり得る様々な事態に対応できる能力を身につけさせることにもなります。

会話の中で、ただ命令するだけではなく、**その理由を伝えることがとても大切**なのです。

子どもが何かを選択したときにも、その理由を聞いてみましょう。

◆子どもは全く別人格の一人の人間

子どもは親が自由にできる所有物ではなく、全く違う人格を持った一人の人間です。

子どもには子どもの人生を生きる権利があるのです。

親は、子どもが自分の人生を生き生きと楽しく生きられるように、導き手助けするのです。親が守ってあげられる子ども時代はその訓練期間。訓練中の勝敗や失敗に一喜一憂する必要はありません。むしろ失敗をすればするほど、精神的に強くなれます。

親は子どもを導き、子どもの選択を尊重して信じてあげましょう。

やがて、様々な知恵と知識を得た子どもは、自分のやりたいことを見つけて社会に漕《こ》ぎ出します。

人生には成功も挫折もありますが、７つの力が身についていれば、どんなことがあってもたくましく生きていってくれるはず。

子どもが自ら夢を叶える様子を温かく見守っていきましょう。

平川　裕貴（ひらかわ　ゆうき）

◆プロフィール

元日本航空ＣＡ。保育士、外資系子ども英語スクールマネージャーを経て、１９８８年子ども英語スクール「リリパット」を、２００６年英語プリスクール「リリパット・リトルキンダー」を神戸にて開校。

フジテレビ『ホンマでっか!?TV』『AbemaTV』に子ども教育評論家として出演。

◆提供しているサービス内容

長年欧米文化に触れてきた経験から、日本と欧米の優れた点を取り入れたしつけを提唱する幼児教育研究家として、執筆活動中。

◆参考情報

［著書］

『グローバル社会に生きる子どものための6歳までに身に付けさせたいしつけと習慣』（ギャラクシーブックス）

『5歳からでも間に合う お金をかけずにわが子をバイリンガルにする方法』（彩図社）

『モンテッソーリ教育で伸びる子を育てる』（彩図社）

『「好き」になるからぐんぐん伸びる！ 0～8歳までの子ども英語』（彩図社）

◆連絡先

①ホームページ　リリパット・リトルキンダー住吉校
平川裕貴と明るく元気なバイリンガルキッズ
リリピューシャンズ（プロフィール）

②メールアドレス　school@lilliput-jp.com

（住吉校）　（プロフィール）

自分好みの花を咲かせようとしていませんか？

古山陽一

◆子どもの資質か、育て方か

私は今春、大学教員になって10年目を迎えます。この間、教育に携わり感じることは、年々関わる学生の質が向上しているということです。やる気のない態度の学生が少なくなり、夢に向かって生き生きとした学生が増えているように思えるからです。

しかし、私が所属する大学の偏差値等には変化がなく、入学してくる学生層が変わったわけではありません。そこである時、学生の質が変化したのではなく、教育方法の質が変わったからだと気づいたのでした。今にして思うと、教員になりたての頃の私の教育方法がまずかったということです。しかも、それを学生のせいにしてしまっていたことに気づかされたのでした。

◆子どもの力を最大限に伸ばすための育て方

結論から言うと、教え込んだほうが伸びるかというと必ずしもそうではありません。一方で、学生の自由に任せるのがよいかと言えば、教えるべきことは教えておかなければ育ちません。では、どうしたらよいのでしょうか。

教員になりたての頃の私は、学生に到達目標を提示し、そこへ向かって進むよう促す、指示型の教育を行っていました。今思えば、自分好みの花を咲かせようと育て、それに同調しない学生を「困った学生」だと捉えていたのです。

しかし、教育経験を重ねるに連れ、本人なりの成長があればよいと考えるようになり、求められる理想像を提示したうえで、**興味・関心を喚起し、動機づけを行いつつも負荷をかけすぎてしまわないよう配慮し、自主的な行動をサポートする**ような姿勢に改めていきました。これは、困った学生に対してどのように接したらよいか模索するなかで見出した方法だったのですが、そうではない学生に対しても、こうした姿勢で学びを支えることが彼らの力を最大限に伸ばし、生き生きと自立した学生を増やしていくことにつながると実感させられたのでした。

◆子どもの意識に沿った関わり方

他にも、以前の私は、授業開始のタイミングで読むべき資料を学生へ提示するようにしていましたが、「えー、こんなにあるの！」といった拒否的反応が返ってくることも少なくありませんでした。

しかし近頃は、調べ学習が必要な課題を出したあとに、「どう、できたかな？」と進捗状況を確認するタイミングで、参照してほしい教材を提示するようにしています。このようにすると、「先生、ありがとう！」と言って、学生が喜んで資料を読むようになるからです。

つまり、**子どもの意識に沿った関わり方が必要**だということです。子どもが欲するタイミングで、もっと言えば、そのような学習環境を意図的に創出し、教材との出合わせ方を考えることも、教員や親の力量であり、子どもの学びを支えていくための効果的な教育方法となるのです。

◆コーチ型と指示型の教育ＭＩＸ

また、子どもに足りない点については、指摘をするのではなく、**コーチング（Coaching）**

の技法を用いて、自分で考え・気づかせるように教育することも、有効な方法となるでしょう。ただし、コーチングの考え方にとらわれすぎるのは考えものです。

コーチング理論では、自分の中に答えがあると考えますが、例えば就職先の決定等、親や教員が現実を知っている場合には、「それだけは、こっちがいいよ」と導くべきこともあると考えるからです。ポイントは、普段子どもの考えを尊重した関わりをしている大人が、そのように踏み込んだ指示や忠告を与えるのは、よほどのことだろうと子どもが受け止められるような関係性を築いておくことです。

もし少しでも、「気持ちをわかってくれない」「ダメ出しされる」「叱られている」と捉えられてしまうと、子どもをディフェンシブにさせることになり、親や教員の話から耳を遠ざけてしまうような態度を引き起こしかねないからです。

◆子どもの良さを捉える

そのため、子どもと良い関係性を築くには、第一に**子どもの良さを捉え、さり気なく表現して伝える**ことが大切です。「自分は認められている」、子どもがそうした自己肯定感や心理的安全性を有し、信頼関係を築いたうえでなければ、せっかくの忠告も効果を発揮しないことでしょう。

また、子どもに即決を求めず、時間を置いて考えさせることも大切です。そもそも、自身の考えを修正するためには相応の時間が必要でしょうし、親や教員の求めることに、子どもの思いやタイミングが合わないことがあるのは当然です。しかし、親や教員の意識に沿ってそれを押しつけてしまうと、子どもはどのような反応を示すでしょうか。

当時の私には、困った学生であるように映っていましたが、実態としては「困っている」学生だったのです。私の至らない教育方法が、やる気のない態度の（ように見える）学生をつくっていたのです。

◆ＯＥＣＤの学力指標

ＯＥＣＤ（経済協力開発機構）の学力指標、キー・コンピテンシーの目的は、「a Successful Life（人生の成功）」と「a Well-Functioning Society（より良く機能する社会）」です。

教員になりたての頃は、後者を学生にやや押しつけすぎていたというのが私の反省です。目の前の学生の「人生の成功」をサポートする姿勢で教育に臨んだほうが、結果として社会にとっても望ましい方向へ自ら近づけようとする学生が多いことに気づいたのでした。

◆思ったように育たない子どもに育てられている

教えた通りに子どもが育つわけではない――そんな教えることの不確実さを感じ始めた頃から、私は教育の難しさと共に「楽しさ」についても実感できるようになった気がします。現在、二人の小学生の父親として、子育て真っ最中の日々を過ごしていますが、将来どのような花を咲かせてくれるのか。

それは自分好みの花ではないかもしれませんが、親としての心構えの根幹は、**子どもの宿している花が咲くのを楽しみに、大切に育てる**ことにあると感じられます。子どもがそれを実感することで、親は子ども自身が満足する花を咲かせるための源泉となれるのではないでしょうか。

筆者が意識する「教育・子育ての3本柱」

❶子どもの意識に沿って興味・関心を喚起し、動機づけを行い、学びを支えること
❷足りない点は、コーチングの技法を用いて、自分で考え・気づかせるようにすること
❸子どもの良さを捉え、さり気なく表現して伝えること

古山 陽一（ふるやま よういち）

◆プロフィール

国際医療福祉大学 専任教員

１９７９年、福岡県生まれ。大阪市立大学大学院修了、２０１６年から現職。専門は看護学。千葉県在住。

家庭では２児の子育ての真っ最中。出生時には、「育休」も取得した。２０１２年から子育て支援ＮＰＯを主宰し、各地にて子育て講座等の講師歴多数。

◆執筆・講演等のテーマ例

・子どもの力を最大限に伸ばすための育て方
・子どもの教育に活かすためのコーチング＆動機づけ
・家族看護学の視座から見た親の役割とパパの育児参画

◆連絡先

①ホームページ　古山陽一 researchmap
②メールアドレス　ikujishien@gmail.com

（HP）

子どもとの日常生活での関わり方を考える

山谷敬三郎

本稿では、まず、無意識のうちに子どもたちに大人が与えている関わりを解説し、次に、豊かで健康な心を育てるポイントを5点挙げ、そのねらい、意義、方法を提言します。

◆1．無意識に行っている関わりの重要性

⑴同一視

同一視は、子どもが児童期までに、無意識のうちに抱く同性の親に対する劣等感の克服を通して、その親の考え方・生き方を身につける精神作用であり、男子はエディプス・コンプレックス、女子はエレクトラ・コンプレックスの克服を通して行います。同一視のプロセスを簡単に説明すると、誕生から2歳頃までは、基本的に男女とも母親との一体感を通して、愛着を形成します。その後、性別意識の芽生えに伴い、同性の親への同一視が活

発になります。男子は、母親の愛情を求めて父親と対抗しますが、同性の親の強大さに劣等感を抱きながらもその克服により、人間が生きる過程でのモデルを得ます。現代では、この同一視を実の親ではなく、**テレビ、ネットの世界に求めて育つ子どもがいることに注意が必要**になります（出典：フロイド〈Freud, S.〉『自我論』日本教文社）。

(2)条件づけ

条件づけは、二つあります。古典的条件づけは、犬、餌、ベル、唾液、受動的のキーワードの組み合わせで理解できます（無条件刺激に肉片を、条件刺激にベルを同時に提示して強化します）。オペラント条件づけは、ネズミや鳩、バー押しやペッキング、餌、報酬、自発的行動の組み合わせで理解できます（ネズミや鳩の自発的な行動に餌が報酬として与えられるなど、随伴する強化子の強弱により行動に変化を促します）。叱責と罰、賞賛と報酬の組み合わせなどにより、子どもたちの欲求、感情を満たすことになります。しかし、安易な外的な報酬は、子どもの心情に悪影響を及ぼします（出典：ハ・エス・コントヤンツ〈Hrant Smbat Kontyants〉『パブロフ選集（上・下）』合同出版社。エバンズ〈Evans, R.I.〉、スキナー〈Skinner, B.F.〉『オペラント心理学』誠信書房）。

(3)模倣

模倣は、他者の行動の観察を通して成立する学習です。他者の行為の結果に対して与えられる賞や罰、そして、モデルが有能かどうか、自己と境遇が似ているかどうか、により影響が変化します。スポーツ選手や音楽家などのモデリングも代表的な模倣となります。「善悪の理解」「制止効果や脱制止効果」「行動への意欲化」に結びつきます。同一視も「模倣」と結びつけて説明できますが、同一視は親を模倣の対象とする特別な関係とされます。調節と関連づけて説明することも可能です。また、オペラント条件づけと関連づけても説明できます（出典：バンデューラ〈Bandura, A.〉『モデリングの心理学』金子書房）。

(4)同化と調節

「同化」は、外界の対象や情報を自分に合うように変化させて自分の内部に取り込む作用です。例えば、光合成のように、日光のエネルギーをもとに、CO_2とH_2Oを炭水化物と酸素に変えて取り込むことを言います。しかし、外界の対象を自分の中に取り込もうとすると、うまくいかないとき、自分のほうを修正して取り組む作用が「調節」です。例えば、平地の植物を高地に移植すると暗緑色の小さな葉に変化して光合成を行うよう自らを変化させます。心的枠組み（シェマ：Scheme）は、この同化と調節を繰り返しながら、環境と関わり合います。同化は、遊びを通して、調節は模倣の行動と結びつけて行います。目から「ウロコ」が落ちる体験、感動体験などは調節の代表例です（出典：ピアジェ〈Piaget, J.〉『知能の誕生』ミネルヴァ書房）。

⑸役割取得

役割取得とは、社会における成員に期待されていること、つまり、「役割期待」に応えようとしてその役割を身につけることを言います。子どもたちは、「おままごと」や「ごっこ遊び」により、他者に期待されていることを演じ、次第に他者の行動を予想し、自分の行動をＴＰＯに合わせて適切な行動をとることができるように成長します。その際、一人の人間から二つの期待が寄せられる役割内葛藤や複数の他者（先生と母親からなど）から別々の期待が個人に寄せられる役割間葛藤などがあります。他にも、所属する社会システムから個人へ別々の期待が寄せられる（父親が家族と会社の期待に応えるなど）地位間葛藤なども挙げられます（出典：ミード〈Mead, G.H.〉『精神・自我・社会』みすず書房）。

◆２．豊かで健康な心を育てるための５つのポイント

⑴活動や努力を認めること

「活動や努力を認めること」のねらいは、**自己肯定感や自尊感情を育てる**ことにつながります。そのためには、成就感、達成感を味わわせることが必要になります。具体的には、子どもにとって何ができるかを見極め、その子の活動（能力・努力に応じて）を認めることです。結果として、子ども一人ひとりが自分に自信を持つことにつながります。

(2)応答性のある環境にすること

「応答性のある環境にすること」のねらいは、**知的好奇心・探求心を育てる**ことになります。そのためには、子どもたちが本来持っている知的好奇心を大切にする関わりを工夫することです。具体的には、子どもたちの様々な問いかけに誠実に応えることです。結果として、興味や関心を持ち、「主体的学習」や「継続する学習態度」の基礎が培われることにつながります。

(3)夢や希望を個性に結びつけること

「夢や希望を個性に結びつけること」は、**子どもたちが自分自身の目的意識や将来に夢を持つ**ことをねらいとしています。そのためには、夢や希望を具体的な職業と結びつけて応援してあげることが有効です。具体的には、子どもたちの良さをその職業の専門性に結びつけて助言することです。結果として、不安や困難に立ち向かって努力する姿勢が培われます。

(4)言葉遣いを大切にすること

「言葉遣いを大切にすること」のねらいは、まず、**表現力や思考力を育てる**ことにつながります。そのためには、短い言葉ではなく、少しでも長い言葉でのコミュニケーションを図ること、返事や挨拶などが適切に行われることが求められます。具体的には、命令口調ではなく、その子の身になった語りかけや感情を受け止めるようにすることです。結果として、物事を理性的に判断する能力の基礎を養うことができるようになります。

(5)思いや気持ちを汲み取ること

「思いや気持ちを汲み取ること」のねらいは、**思いやりの「こころ」を育てる**ことです。そのためには、仲間や他人から認められる体験を味わわせることが大切です。具体的には、自分の気持ちが理解されて嬉しいという体験を提供することです。結果として、社会的共感性や奉仕の精神などの基本的な姿勢が養われることにつながります。

最後に本稿の締めくくりとして、アメリカの教育学者であるドロシー・ロー・ノルトさんの『子ども』という詩を紹介します。

批判ばかりされた子どもは非難することを覚える
殴られて大きくなった子どもは力にたよることを覚える
笑いものにされた子どもはものを言わずにいることを覚える
皮肉にさらされた子どもは鈍い良心の持ち主となる
しかし、
激励を受けた子どもは自信を覚える
寛容に出合った子どもは忍耐を覚える

賞賛を受けた子どもは評価することを覚える
フェアプレイを経験した子どもは公正さを覚える
友情を知る子どもは親切を覚える
安心を経験した子どもは信頼を覚える
可愛がられ、抱きしめられた子どもは世界中の愛情を感じ取ることを覚える
日常生活の中での大人の関わりの参考にしたいものです。

山谷 敬三郎（やまや けいざぶろう）

◆プロフィール

東北大学大学院 博士課程後期修了 博士（教育情報学）。昭和52年、公立中学校教諭に赴任、10年間勤務し北海道教育庁指導主事を10年。その後、大学に転じて、北海道女子大学短期大学部助教授、北翔大学生涯学習システム学部教授、同学部健康プランニング学科及び芸術メディア学科学科長を経て、同学部長。平成18年、大学院　生涯学習学研究科長。平成26年に副学長。平成30年、同大および短期大学部学長に就任し、現在に至る。令和6年8月から学校法人北翔大学理事長を兼務。日本学校心理士会会長。

第5章

保護者が自信と勇気を持てる心構えや考え方へのアドバイス〈その2〉

~子育て法/教育法の紹介編~

“スポーツマンシップ”から考える子育て

上坂 実

誰もが「スポーツマンシップ」という言葉を聞いたことがあるでしょう。

スポーツの現場が主戦場の私にとって、「スポーツマンシップ」が大切なことだとおぼろげには理解しつつも、明確に説明できないでいました。

その「スポーツマンシップ」を学び、そして、言語化できるようになるために、私は一般社団法人日本スポーツマンシップ協会の門を叩き、公認スポーツマンシップコーチの資格を取得しました。その後は、この概念こそが私自身のアイデンティティの一丁目一番地となっています。

この**「スポーツマンシップ」の考えは、人としての「在り方」のこと**であり、スポーツの世界に限った話ではなく、日常生活やビジネスの現場などといった社会生活においても、あらゆる方がこの考えを理解し実践していくことで、より良い社会へとつながり、または、よりよく生きることにつながると確信しています。

もちろんこの考えは子育てにも活かせるものであることから、「スポーツマンシップから考える子育て」としてお伝えしていきたいと思います。

◆そもそも「スポーツマン」とは何か？

「スポーツマン」とは、『広辞苑』によると「運動競技の選手、またはスポーツの得意な人」と説明されているように、日本では「運動」という身体活動が前提の意味で浸透しています。ところが、英英辞典『POCKET OXFORD DICTIONARY（１９６９年版）』によると、「sportsman」は「good fellow」と訳されています。つまり「良き仲間」というわけで、身体活動に関する要素は含まれていません。

要するに、気持ちに関わる内面的なことであり、「他人から信頼される人」に対する称号でもあるわけです。そこから察すると、「スポーツマンシップ」という言葉の真の理解が進むのではないでしょうか。

◆「スポーツマン」が心得ておきたい3つのキモチ

1.『尊重』
他者やものを大切にしたり、感謝するキモチ

2.『勇気』
失敗を恐れず、決断・行動・挑戦するキモチ

3.『覚悟』
苦難・困難をも受け止め、最後まであきらめずに愉しむキモチ

日本スポーツマンシップ協会では、スポーツの世界に限ったことではなく、この〝3つのキモチ〟を備えている人のことを「スポーツマン」と定義しており、これらを実践する心構えこそが「スポーツマンシップ」であり、「スポーツマンシップ」とは人格的総合力と解釈できるわけです。

では、この3つのキモチを保護者の立場から子育てにおいてどのように意識し、実践に

移していくのかを考えてみましょう。

◆子育てにおける『尊重』

アドラー心理学においても、人は一人ひとり違う存在であると説いている通り、親子であっても、**子どもはあくまでも別人格の「一人の人間」**であり、「あなたがいてくれるから親でいられる」という感謝の姿勢で子どもの存在を認め、子どもの話を聞き、子どもの意見を認め、比較をしない。こうしたことが子どもへの『尊重』であり、子どもの自信を育てることにつながると考えます。

誤解があってはいけませんが、子どものことを認めるということは、すべて子どもの思い通りにすることとは全く違いますし、認めるということはどんなことでも褒めるということでもありません。正しい行為や行動をしたり、チャレンジしていたことができたときにはその行動そのものを褒め、叱るときは、子ども自身や人格を叱るのではなく、子どものした間違った行為や行動そのものを諭すことが大事だと考えます。

◆子育てにおける『勇気』

保護者の皆さんには大前提として「子育てに完璧などない」と、できないことを受け入れる『勇気』を持っていただきたいと思います。

親は人間として子どもより人生の大先輩ではありますが、子どもが生まれて初めて親になるので、子ども（第一子）と親という立場は〝同い年〟であり、未熟で当たり前、できなくても当然なのです。

そのうえで、子育てにおいて持つ『勇気』とは何でしょうか。

子どもが失敗をしたり困っているとき、すぐに保護者が手助けをしてしまうシーンをよく見受けますが、失敗は悪いことではありませんし、そもそも成長過程において失敗などは存在せず、**「成功か経験かしかない」と考える勇気**を持っていただきたいと思います。

仮にうまくいかなくても、自分自身で解決したり、考えさせたりすることが重要なのですが、そこですぐに手助けをしてしまったり、答えを与えてしまうことは成長機会を奪うことにもなると考えます。自立心も育めないでしょう。

最後の最後で本当に必要なときに手を差し伸べるまでは、手を貸さない勇気を持ってみるのはいかがでしょうか。

また、保護者が失敗したときには、非を認めて謝るという姿勢を見せることも勇気が要《い》りますが、とても大切なことではないかと思います。

子どもは親を映す鏡ともいわれ、親の態度や行動は子どもに反映されます。

◆子育てにおける『覚悟』

子育てにおいて『覚悟』と言うと、何やら「もう後がない」というようなプレッシャーをかけられる話かと思われるかもしれませんが、そうではなく、起こる困難を受け止め、愉しむ『覚悟』を持ちましょうということです。

そのためには、**子どもをコントロールしないことが大切**です。そもそも、子どものことはコントロールできません。違う人間なのですから。

そのコントロールできない相手をコントロールし、期待しようとするからこそ、ストレスが生まれますし、イライラもするわけです。

いつの世も子どもは言うことは聞かない生き物ですし、思い通りになんてならないものです。

しかし、「こうあるべき」という「べき思考」が強いと、思い通りにならないときに「なぜ？」が大きくなり、ストレスとなって、そのストレスを子どもにぶつけることになります。

「放置」と「放任」という言葉がありますが、コントロールしないこと、それは決して放置するということではありません。

放置は、そこに信頼関係が存在しませんし、ほったらかしの状態により、子どもが困っているとき、その困っていることにも気づくことができません。いわゆる無関心の状態です。これは、子どもの心身の成長に悪影響があると言わざるを得ません。

一方、放任は、ルールを身につけさせたうえで、子どもを信頼して見守り、自主性に任せて必要な時には手を差し伸べることです。

いわば**「積極的無関心」**という姿勢のことで、ただの無関心とは違います。しっかりと関心を寄せていながらも、見守る姿勢です。

「親」という字は「木の上に立って見る」と書きますよね。覚悟を持って、積極的無関心で放任を貫いてみてください。

親と子も共に育つ「子育ては親育て」という考えもあります。子どもが初めて経験を積み重ねて社会を知っていくように、親もまた、親としての経験を積み重ねて子どもと共に育っていきます。

おおいに愉しんでいきましょう。

※参考文献　『スポーツマンシップバイブル』中村聡宏（東洋館出版社）

上坂 実（うえさか みのる）

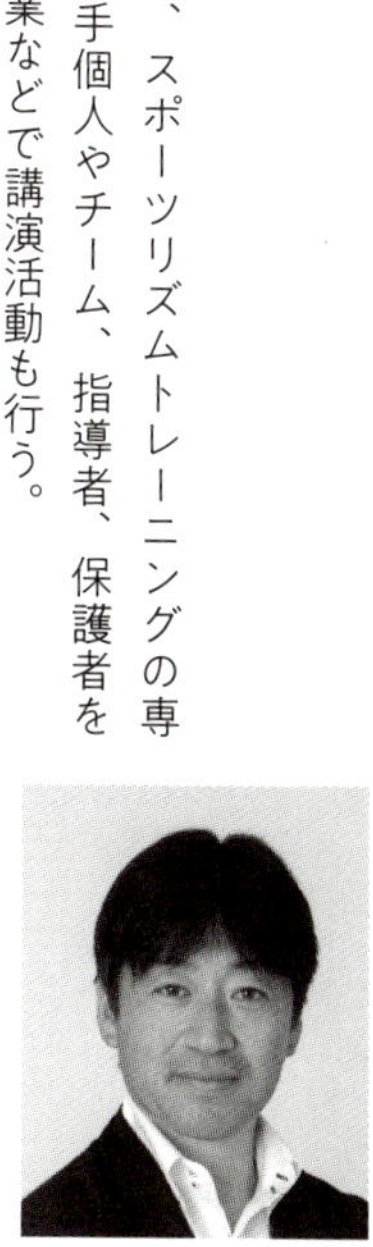

◆プロフィール

スポーツメンタル、スポーツビジョン、スポーツリズムトレーニングの専門家として、競技や世代を問わず、選手個人やチーム、指導者、保護者をサポート。さらに公共機関、学校、企業などで講演活動も行う。

◆参考情報

［所有資格］
スポーツ庁認定アスリートキャリアコーディネーター／（一社）日本スポーツマンシップ協会認定スポーツマンシップコーチ／（一社）フィールド・フロー認定スポーツメンタルコーチ／（一社）スポーツリレーションシップ協会公認しつもんメンタルトレーニングトレーナー　他

◆連絡先

①ホームページ
SPORTS wiz HEART（スポーツ・ウィズ・ハート）
②ＳＮＳ
インスタグラム：上坂 実
③メールアドレス　uesaka@sportswizheart.com

（インスタグラム）　（ＨＰ）

親も子どもも幸せに夢を叶える力を育む方法

人材育成コンサルタント　犬尾陽子

◆子育てという冒険を楽しむ

私は人材育成コンサルタントやプロコーチとして、様々な方々の人生をご支援していま す。そして、母親として一人の子どもを育てています。私にとって子育てとは、自分自身を成長させてくれるエンターテインメントであり、毎日、新しい気づきや発見をもたらしてくれる素晴らしい時間。そして、この子がどんな未来を切り拓いていくのか、今からとても楽しみです。

子育てには、これをやっておけば間違いない！という成功法則はありません。また、時代が変われば、生き方や考え方、主流となる価値観も変わっていくでしょう。ですから、親の主観で「私の時はこうだった」という体験談を押しつけるわけにはいかないのです。

では、子どもが自ら夢を叶える力を育むために、親である私たちはどのような心構えでいるとよいのでしょうか。親だから、保護者だからと、すべての答えを知っているかのように完全無欠でガチガチな、完璧な大人である必要はありません。むしろ子どもと一緒に、この未知なる人生の冒険を楽しみながら、親である自分も共に変化や成長していくのだという柔らかな気持ちでいることが大切ではないでしょうか。**子どもの夢をさりげなく応援するのが大人の役目**です。

◆子どもの意志を尊重する

私は、幸福度が高いことで有名な北欧デンマークについて研究しているのですが、デンマークの幸福度が高いことの背景には、まさに、幼少期から一人ひとりが自ら夢を叶える力を育んでいるからだと思います。デンマークの親たちは「子どもの個性を大事にし、自分で自分を幸せにする生き方を学ばせている」「親はサポートはするけれど、人生のレールを決めてしまわない」「親が子どもを他人と比較しないから、子ども自身も自分と誰かを比べない」ということを口々に話してくれました。そのような大人に育まれた子どもたちは、大人になったときに自分の夢を叶え、そして、また、自分の子どもたちには、自分がしてもらったのと同じように夢を叶える力を育むサポートをしていくのです。

子育てのゴールは、子どもが自分の力で生きていく自律心と社会的責任を育むことです。そのベースとなるのが、子ども自身の自己肯定感や自己信頼といった感情面での豊かな経験の積み重ねです。無条件に愛情を注いでもらった体験や、どんな自分でもいつでも居場所があると感じられる経験、小さな自己選択や意志を尊重してもらった体験などが、子どもの自信を育んでいきます。この体験こそが、後の人生に大きく影響します。ちなみに、我が家の娘は小学1年生の頃から、「大学には行かない」と謎の宣言をしているのですが、私も夫も「それでいいんじゃない？」と、本人の選択を支持しています。未来のことはわかりませんが、もし考えが変わったら、その時に、また一緒に考えようと気楽に捉えています。

◆子どもの個性を丸ごと受け止める

当たり前のことなのですが、私たちには、みんな異なる個性があります。それにもかかわらず、みんなと同じほうがよい、みんなと同じでなければいけないのだと思ってしまうことがあります。その結果、他人と自分を比べて一喜一憂したり、必要以上に焦ったりしますす。ですが、他人の物差しに合わせた人生を生きていても自分の夢は叶いません。そもそも、自分の夢を思い描くことすらできないでしょう。

あなたのお子さんは、今、何に興味を持っているでしょうか？　どんなことにワクワクしているでしょうか？　どんなところが魅力的でチャーミングでしょうか？　何をしているときがキラキラしているでしょうか？　どんなことが得意でしょうか？　お子さんの個性をどれくらい把握していますか？

勉強が好きな子も、スポーツが好きな子も、物づくりが好きな子も、音楽が好きな子も、乗り物が好きな子も……。個性や関心事は、本当に様々です。ついこの間まで、これがお気に入りだと言っていたのに、別の時には、全く違うことに興味が移っていたりします。子どものことを理解したつもりでも、成長スピードのほうが速いかもしれません。子育ては、１００人いれば１００通り。しかも、リハーサルなしのぶっつけ本番の毎日です。だからこそ、親子でたくさん話をする対話の時間を持ち、今、どんなことをおもしろいと思っているのか、どんな夢を持っているのか、どんなことを手伝ってほしいと思っているのか、ニコニコ笑顔で、お子さんの想いに耳を傾け、言葉にならない心の声に寄り添いましょう。相手がどんなに小さな子どもであったとしてもです。

大人の思い込みで、子どもの個性を決めつけて、未来の可能性を狭めてしまうのはもったいないと思いませんか？

想いを聞いてくれる大人に対して、子どもは信頼を寄せ、心を開いて、楽しそうに夢を語ってくれます。大人からしたら驚くようなユニークな発想かもしれませんし、壮大すぎて実現のイメージが湧かないというアイデアかもしれませんが、まずは、全部受け止めます。子どもが描いている世界観を一緒に旅しましょう。なお、その夢を聞いたあとに、サポートを求められていない段階で、善かれと思って余計なものを用意したり、勝手に人生のレールを敷いたりすることは、自ら夢を叶える力を育む機会を奪ってしまうことになります。**親がやるべきことは、必要なタイミングで、必要な環境を整え、挑戦する機会をつくり出すこと**です。親の言う通りにさせたいと、子どもをコントロールしようとすると反発しますが、子ども扱いせず、一人の人間として敬意を持って接します。

◆「ダメ（否定）」ではなく「イイね（賛同）」を使う

私は、子育てにおいて「ダメ」という言葉を使いません。何かリクエストがあったら「イイね、やってみたら？」と即答します。自分の意見は受け入れられる、自分の人生を自分で決められる、自分は周りに影響力を発揮できるという体験が、やってみようかな、やってみたいなという主体的な気持ちをどんどん育みます。

一方で、いつも行動を規制されたり、好奇心の芽を摘まれたりすると、子どもは無力感を学習します。日々、あれはダメ、これもダメ……という言葉のシャワーを浴びていると、やりたいことがあっても、「どうせ自分には無理」「ダメって言われる」ということが信念にすり込まれます。その結果、自分の考えはそんなに価値がないものなのかと自分を信じられなくなり、物事の判断を他人に委ねたり、他人の顔色を見て行動したり、常に誰かの指示を待つ人になっていくのです。**「ダメ」のかわりに「イイね、やってみたら？」を使いましょう。**

◆失敗する権利を大切にする

もちろん、子どもの意志を尊重して、様々なチャレンジを見守った結果、子どもたちは、いろいろ失敗するかもしれません。その失敗もまた、子どもたちにとってはかけがえのない体験です。子どもは、生まれながらに探究心があり、冒険心があり、夢を描く力を持っています。ただ、実際に行動してみなければ、それが自分に合うのか、本当に好きなのか、得意なのかどうかもわかりません。子どもにとってはすべてが実験です。ですから、親が先走って、怪我しないように、転ばないように片っ端から道の石ころを取り除いたり、子どもが可愛いからといつまでも靴を履かせたりしていたら、一生、自分の夢を叶えるチャンスは訪れません。失敗は、子どもにとって成功へのプロセスを学び、困難を乗り越えて自信を獲得していく絶好の機会です。親がすべきことは、失敗や困難な状況に陥ったときに、その体験を学びに変えるオープンな問いを投げることです。「ここからどうしたい？」「どうやったらできるかな？」「何かお手伝いできることある？」と、安心して次のチャレンジができる言葉をかけ、子どものポジティブな気持ちを引き出しましょう。**自分の選択で失敗体験を乗り越えた自信が、「自分なら夢を叶えられる！」という信念を強くします。**

◆大人も夢を持ち続ける

あなたには、どんな夢がありますか？　今、その夢に向かって進んでいますか？　子どもたちは、大人が夢を語り、挑戦する姿を見ることで、その価値観や行動を自然と吸収します。スケールの大きさは関係ありません。「こうなりたい」「こうしたい」といったささやかな願いでも素晴らしいものです。大人自身も迷いや挫折、不安を経験しながら成長していきます。夢が叶わなかったり、方向転換したりすることもあるかもしれませんが、それらの経験を積み重ねていくこと自体が素晴らしい人生です。そして、いつでも、誰でも、新しい夢を見つけ、再び挑戦することができるというマインドを持っておくことが大切です。

子どもはいずれ親の手を離れ、自立していきます。親と子どもが共に成長する時間を過ごす期間は、あっという間です。親が自分の夢を楽しみながら生きる姿は、子どもにとってロールモデルとなり、夢を追うことの意義を伝えることができます。子どもの未来を応援すると同時に、**親自身も夢を持ち、変化を楽しむ心を持つ**ことが、より豊かな人生と良好な親子関係につながります。あなたの夢は何ですか？　どうやってその夢を叶えたいですか？

犬尾　陽子（いぬお ようこ）

◆プロフィール

Happiness Catalyst 代表／研修講師＆プロフェッショナルコーチ
IT業界、イベント業界、ウエディング業界を経験したのち、人材育成コンサルタントに転身。高幸福度の国である北欧デンマークを研究し、日本流の幸せな生き方・働き方・学び方を展開する研修やワークショップ等を提供。

◆連絡先

①ホームページ　Happiness Catalyst
②SNS　リンクトイン：https://www.linkedin.com/in/inuoyoko/
③ブログ　yokom（幸せな人生の創造を加速させる触媒）(note)

(HP)

(LinkedIn)

子どもの心を育む親の養育態度

認定心理士　岡嶌伸枝

◆子どものこころは学習によって育つ

子育てをしているなかで、子どもの〝こころ〟がどのように育っているのかわからないと思われているのではないでしょうか。生まれたばかりの子どもにとって、母親が笑いかけてくれることも、眠るときにお腹辺りをトントン叩いてくれることも、おむつを替えてほしくて泣いているときも、すべてが学習していることになります。学習といっても勉強のように机に向かって行うものだけではなく、トントン叩く母親の手からぬくもりを感じたり、おむつを替えてもらったときの心地よさを感じたりするなどの経験が学習なのです。

つまり、こころが育つ要因とは遺伝と環境の相互作用によるものであり、環境の要因として関わる人や経験、知識によって学習されていくものなのです。それは子どもに限らず、私たち大人も不快な感情や嫌な出来事などの問題を解決しようと試行錯誤すると思いますが、この試行錯誤が学習になるわけです。また子どもにとって、見えている世界や行動範囲が狭いことに加えて、常に側で世話してくれる養育者から多くを学び取っていることになります。

◆養育態度に必須の二つの基本オプション：一貫性と応答性

親の養育態度としては「一貫性と応答性」が重要です。一貫性とは初めから最後まで矛盾がなく貫き通すことを言いますが、養育態度として親の機嫌の良し悪しでルールが変わってしまったり、何らかの状況下で正しいことや間違っていることが変わってしまわないことを言います。例えば、何か間違いをした際に親の機嫌がいい時には叱られず、機嫌が悪い時にはものすごく叱られるというようなことがあると、「この前は叱られたのに、今日は叱られなかった」というように何が原因で叱られたのかわからずに子どもが混乱してしまいます。また、子どもは親の顔色を窺《うかが》うようになって親の機嫌の良し悪しにばかり気を取られてしまい、本来守らなければいけない社会のルールなどを学習するチャンスを逃してしまうことになります。子どもとの信頼関係を築くという意味においても、親が一貫した態度でいることが重要です。

次に応答性とは、子どもの発した言葉や言葉以外でのコミュニケーション、行動などに対して、親が関心を持ち受容的・共感的態度で接していることを言います。たまに、「ママ見てー」と何度も叫んでいる子どもに対して、親のほうはスマートフォンを見たまま返事もしていないという光景を見かけます。まさに応答性が低い状態です。応答性が高いと、子どもはだいたい4歳頃には他者の〝こころ〟を推量できるようになります。このことを「心の理論」と言いますが、この「心の理論」を獲得することで対人関係などの問題があった場合、解決策として攻撃的方法（暴力的な行動や言動）の選択が減少し、自己抑制的方法（感情や欲求を調整）が増加するといわれています。

ただし、ネガティブな応答であると「心の理論」の発達が促進されないことがわかっています。家事や仕事など忙しい時に限って「見てー」と来る子どもにため息が出てしまう気持ちもわかりますが、ポジティブな応答をすることに多くの利点があることを考えると、やらないでおくのは少しもったいない、そのような気持ちになっていただけたらと思います。

◆完璧な親より〝あるがまま〟の親

ここまで読み進めると「そんな完璧にはできない」という気持ちになってしまうかもしれませんが、目指すのは〝完璧な親〟ではなく**〝あるがままの親〟**なのです。

〝あるがまま〟というのは実はすごく難しくて、良い自分やできる自分は受け入れやすいのですが、ダメな自分やできない自分はなかなか受け入れられません。ましてそれを家族とはいえ人に見せるというのは勇気がいることです。しかし、親が落ち込んでいたり悩んでいたりする姿を子どもに見せることで、子どもには親近感が湧いてきます。また、問題を解決したり立ち直ったりする姿を見せることで、子どもは模倣学習をすることができます。

子どもがきょうだいや親の行動をまねしている光景を見たことがあると思いますが、まねをして自分のものにしていくのが模倣学習です。そうすることで、今までできなかったことを獲得し成長していくのです。こころの成長も同じで、経験し感じることが必要で、傷つくだろうと大人はわかっていても、温かく見守り、傷ついたときに受け止め方や乗り越え方を教えてあげる、または話し合い、共感し、支えていくことで大きく成長できるようになります。

つまり「親だからちゃんとしないといけない」とか、「親だから我慢しないとダメだ」ということではなく、「親だから」という枠組みや決めつけを外して、**自然体の感情や行動をいったん受け止めて、こころの声を聴くことが必要**なのです。

◆育てられ方が育て方になる

虐待などの養育態度は連鎖するということをご存じだと思いますが、連鎖するのは虐待だけに限りません。それは、自分の親（子どもからすると祖父母）の養育態度は自分が親になったとき、親の養育態度、特に母親役割がモデルになり受け継がれていくということがわかっています。つまり、**自分の育てられ方が自分の子どもの育て方になっている**ということです。これは世代間伝達と言いますが、自分が親からしてもらったように子どもを育て、それに加え人との関わり方や考え方、捉え方などが母親から子へ伝達、影響している可能性があります。

そこで、自分と母親との関係などを少し振り返ってほしいのです。例えば「サラッと嫌味なことを言われていた」とか、「宿題も部屋の片づけも自分のペースでやりたかったのに、うるさく言われた」など、もしかすると自分も子どもに同じことをしている可能性がありませんか。

子どもとの関係で悩んでいるのであれば、自分が親から言われて嫌だったことや親の態度で気にしていること、こころに引っかかっていると感じる出来事など、大人になった今であれば、理解できることもあると思うので、振り返り見直してみることで良い関係を築くヒントが見つかると思います。

※参考文献

・「母親の養育態度に関する研究1：育てられ方との関連」原田博子〈筑紫女学園大学リポジトリ〈２０１４〉〉
・「子どもの認知する親の養育態度と学校適応との関連についての検討」姜　信善・酒井えりか〈富山大学人間発達科学部紀要第1巻第1号〈２００６〉〉
・『心理学』鹿取廣人・杉本敏夫・鳥居修晃・河内十郎〔編〕〈東京大学出版会〉
・「親の養育態度と子どもの行動傾向に関する基礎研究」荻田純久〈大阪商業大学共同参画研究所紀要〈２０２１〉〉
・「親の養育態度の認知は社会的適応にどのように反映されるのか：内的作業モデルの媒介効果」島義弘〈発達心理学研究25〈２０１４〉〉

岡嶌 伸枝（おかじま のぶえ）

◆プロフィール

「女性サポート相談室ハート・ケア・ラボ」主宰
カウンセリング歴24年目、女性のカウンセリングを専門に行う。

◆提供しているサービス内容

独自のメソッド〈きずな回復メソッド®〉で不登校から回復するためのカウンセリング
電話カウンセリング「ボイスマルシェ」に心理カウンセラーとして参加中
発達障害に悩むお母さんのための相談
毒親・アダルトチルドレンのカウンセリング

◆参考情報

［所有資格］認定心理士／キャリアコンサルタント／心理カウンセラー

◆連絡先

①ホームページ　女性サポート相談室 ハート・ケア・ラボ
②ブログ　不登校は、お母さんの力で回復する！（アメーバブログ）
③メールアドレス　heart.care.lavo@gmail.com

（HP）
https://heartcare.xyz/

（ブログ）
https://ameblo.jp/heartcarelavo/

５００人の保護者カウンセリングを通して確信した「学力が高い子に共通する習慣」

２ｎｄスクールオンライン教室長　奥田美保

◆学力が高い子には、ある共通する習慣がある

「高い学力をつけさせるには、どうしたらよいのでしょう？」

幼児教室に通わせたほうがよいか、中学受験塾に小学1年生から通うべきか……こんなふうに質問をいただくことが多くあります。もちろん、どんな教室に通うか、どんな塾を選ぶか、いつから始めるかも大切なポイントです。ですが、その前に考えてほしいことがあります。

これまで数多くの保護者カウンセリングを通じて確信したのは、学力の高いお子さんには共通した **〝家庭での習慣〟** があるということです。高い学力を身につけるための鍵は、幼児教室や塾に通うことよりも、そのもっと手前にある〝家庭での習慣〟にこそあるので

す。

◆学力が高い子の家庭にあるのは、本棚と毎日の読み聞かせ習慣

学力が高い子の家庭には、高い確率でしっかりした本棚があり、親御さんに読書の習慣があります。親子で図書館に行き、小さい頃には毎日読み聞かせを行っているのです。

「絵本の読み聞かせが良いと聞いたことがありますが、動画配信サービスで読み聞かせ動画を見せても同じでは？」という声も耳にします。確かに、読み聞かせ動画は多く存在しますが、親御さんによる読み聞かせとは全く別物です。

お子さんにとって、親御さんの「声」は特別なもの。**生まれてから毎日聞き続けている「安心の音」**であり、親御さんが読むことで得られるリラックス感が、言語のリズムやイントネーションの習得には最適です。また、『おおきなかぶ』（福音館書店）の「うんとこしょ、どっこいしょ」や、『なにをたべてきたの？』（佼成出版社）の「いただきまーす」のように、親子で絵本の世界に共感する経験も、その後の「学びの土台」となります。

さらに、読み聞かせは親御さん自身のリラックスタイムにもなり、寝る前に一日の終わりを穏やかに締めくくる機会にもなります。親子で絵本を楽しみながら「今日も良い一日でした。明日も良い日になりますように」と安らかな気持ちで眠りに就くことが、子ども

の自己肯定感を育むのです。

◆うちの子は本が嫌い！

「読み聞かせが良いとは聞いているけれど、うちの子はじっと座っていられない」というご相談もよくいただきます。実際、読み聞かせしようとしても、歩き回ったり、ページをめくりたがったりして落ち着かない子も多いでしょう。

しかし、まずは「きちんと座って聴くべき」というイメージを手放してみましょう。お子さんが歩き回っても、そのまま読み聞かせを続けてください。耳はしっかり聴いています。また、めくりたがる場合は自由にめくらせてあげて、お子さんの興味を大切にしてあげましょう。ページを上手に扱えずに破ってしまったときは、一緒に修理して「かけがえのない１ページ」にすることも良い経験です。

「お子さんが主役」という意識を忘れずに。強制すると、読み聞かせが「嫌な時間」になり、本に対して苦手意識が芽生えてしまうかもしれません。

◆おすすめの本

お子さんに読んであげる本は、どのように選んだらよいでしょうか。それには二つの方法があります。できれば両方の方法で選んでほしいです。

一つ目は、**お子さんと一緒に図書館や書店へ行き、お子さんが選ぶ方法**です。このときに、親御さんは決してお子さんの選んだ本を否定してはいけません。時には図書館で、既に家にある本を借りたいと言うことがあります。そうしたら、「これはうちにあるよ」などと言わずに借りてあげてください。家に帰って2冊の本を並べて「おんなじだね」とニコニコするのも楽しい経験です。

二つ目は、**出版社からの定期配本サービス**です。福音館書店の月刊誌『こどものとも』シリーズがおすすめです。0歳から小学生まで年齢に応じた質の高い本を毎月届けてくれます。自分で選ぶと偏りがちですが、配本サービスなら幅広いジャンルの本に出合えます。読み聞かせは、ぜひ小学生になっても続けていただきたいです。小学生用の『たくさんのふしぎ』は大人にとっても興味深い素敵な本です。

◆子どもが中学受験生です。もう手遅れですか？

幼少期に読み聞かせをしてこなかったお子さんが中学受験に取り組むとき、長文読解や文章問題で苦労し、そこで初めて「幼い頃から本に親しませておけばよかった」と悔やむこともあります。受験では、国語や算数だけでなく理科や社会でも、長文を読み解く力が問われます。

「先生、もう手遅れでしょうか？」とよくご相談を受けますが、手遅れではありません。今からでも間に合います。中学受験生が文章に親しみ、学力を上げるための最も効果的な方法が「**音読**」です。

音読に取り組む際も「間違えてはダメ」「速すぎるからダメ」など、大人の価値観で縛ってはいけません。親御さんも一緒に楽しむ気持ちで取り組みましょう。

音読のポイント

1．音読するもの：小学生新聞の記事や算数の文章題、長文読解の文章など、幅広く音読します。

2．音読の方法：まずお子さんが音読し、そのあとで親御さんが音読します。お子さんの読み間違いは、その都度指摘しなくても、親御さんの「安心の音」である声で正しい読み方を聴くことで、修正できます。

3．効果を急がない：すぐには効果を実感することはできませんが、続けることで語彙力は着実に向上し、次第に学力も向上します。

◆学びの土台は家庭から

学力を上げるためには、幼児教室や塾へ行き、家で机に向かって宿題に取り組むだけでなく、**家庭でのコミュニケーションや習慣**が土台になります。子育て中は、本当に慌ただしくて、お子さんに対する声かけが「～しなさい」と強めの命令口調となってしまいがちです。読み聞かせや音読の時間を取って美しい日本語に触れ、日々、言葉を大切にしようと心がけることが、お子さんの学力向上の基盤となるのです。

そして最後にもう一つ、お子さんの学力向上にもっと重要なことは、**親御さんが心穏やかであること**です。あれができていない、これができていないとご自身を責めないでください。一人でできないことは、周りを頼りましょう。子どもは家庭だけでなく、社会全体で育てるもの。お子さんの成長を、みんなで支えていきましょう。

奥田 美保（おくだ みほ）

◆プロフィール

ＥＤＵカウンセラー／キャリアコンサルタント／CosorenSupport 株式会社代表取締役。教育支援の専門家として、年間平均１００件以上のＥＤＵカウンセリングを通じ、多くの保護者とお子さまの学びや成長に寄り添ってきました。日々の小さな関わりのなかで、親子の絆を深め、「子どもがのびのびと学べる環境づくり」の大切さに注目しています。お母様方が自信を持ってお子さんと向き合えるよう、親子関係の改善や学びのサポートをお手伝いしています。

◆連絡先

①ホームページ
Cosoren Support（こそれんサポート）
②ブログ
２ｎｄスクールオンライン 教室長ブログ
③ＳＮＳ　インスタグラム：奥田みほ@中学受験の悩みすべて解決します！
Ｘ：奥田みほ@笑顔の中学受験
④メールアドレス　support@2nd-school-online.com

（ＨＰ）

自分らしく幸せな人生を生き抜く子どもに育てるために～私たち親が心がけたい3つのこと～

北田 和佳子

◆この本を読んでくださるお母さんたちへ

今、私たちは、未来が見えない不安な時代のなかで、毎日、一生懸命子育てをしています。どこに向かって、どう子育てをしたらよいのだろうと不安になる方も多いと思います。でも、いつの時代もお母さんは家族の太陽です！　いつも明るく笑って家族を照らし、温かく見守ることがお母さんの役割。私はそう思って、これまで二人の子育てをしてきました。お母さんの幸せは子どもの幸せ！　お母さんの笑顔は子どもの笑顔！　ですので、お母さんは、情報や周りに振り回されず、ブレずに自信を持って、お子さんとの幸せな時間を大切に過ごしていただきたいと心から願っています。

私が自分自身の子育てを通して、また、教室運営をするなかで数多くの親子と関わってきた経験や、自己投資をして学んできたことをお伝えすることで、少しでも皆さんの心が軽くなり幸せな子育てのお役に立てたら幸いです。

◆子どもの人生の決定権は子どもにある！

私たち親は、子どもは何もできないと決めつけ、余計な手を貸したり、なんでも親が決めてしまうようなことはありませんか？　しかしそれを続けると、子どもが自分のことも自分で決められない、自分の人生の決定権を誰かに委ねる生き方をしてしまうことが懸念されます。私が7年前に訪れた、デンマークの森のようちえんの先生に聞いた話によると、デンマークでは、断乳もオムツ外しも子どもが決めるとのことで「自分の人生の決定権は自分にある！」という徹底ぶりに驚かされました。日本では、断乳、オムツはいつまでに外すべきなどと、育児雑誌に書かれていたり、周りの人に言われることがあります。でも、ちょっと立ち止まって考えてみると、それは誰が決めたの？と思いませんか？

私たち日本の親は、誰かが決めた答えを疑わず、正解だと思い込む傾向があるのではないかと感じます。この「自分のことは自分で決める！」ということは、その後の子どもの人生において非常に重要であり、それは赤ちゃんの時から始まっています。実は、親には何も教えることなどなく、生まれ出てくる子どもは、自分でどうしたいのか既にわかっています。手出し口出しをして、余計な邪魔をしているのは、私たち親なのかもしれませんね。どんなに小さくても、**一人の「個」として意思を尊重することは、子どもが自分の人生を生きていく第一歩となる**のです。

◆お母さんが「子どもを信じる」ことで、子どもは大きな力を発揮する！

「心配することが親の仕事」。そんな言葉を聞いたことはありませんか？　親が子どもの心配をするのは当たり前！と思われがちですが、子どもは、「大丈夫？」と心配されていると、「私はダメな子」と思い込んでしまいます。いつも親から心配されている子どもは、自信がなく、心配性であることが多いです。逆に、親に信じてもらえている子どもは、自己肯定感が高く「自分は大丈夫！　必ずできる！」と、大きな力を発揮します。それが自分自身を信じる力にもつながるのです。

我が家のエピソードですが、大学受験を控えていた息子は、部活動最優先で、高3の夏休みになっても受験勉強は手つかずでした。息子の第一志望は、東京の国立大学。成績は中の中。夏休み前の模擬試験はE判定。けっこう絶望的でした！　三者面談にも「面倒くさい」と行かず、担任の先生からは「大学受験をなめている」と言われました。その時、私は「受験勉強をするもしないも本人が決めること。行動を起こすのも本人であり、私ではありません。ただ、どうなっても私は彼を信じているので大丈夫です！」と先生にお伝えし、帰宅後、息子にそのまま伝えました。私は、今まで一度も「勉強しなさい」と言ったことがありません。代わりに「私は、あなたはやればできることを知っているし、あなたを信じている。どうしたいのかを決めるのはあなただから。自分の人生をどう生きたいのかをよく考えてね。相談には乗るよ」と伝えてきました。この時を境に、息子のやる気スイッチが突如発動。〝別人28号〟と化した息子は猛勉強を開始し、第一志望校に合格。センター試験まで、わずか4カ月間でした。

本気でやる気になればできる！という成功体験は、その後の彼の大きな自信になり、大学3年進学時には、1年間大学を休学して、バイクで日本一周の旅に出るという大冒険をしました。これも、やればできる！と決めたこと。私は、心配するのではなく、彼が目標を達成して無事に帰ることを信じて祈るだけでした。「子どものことを信じられない」という方もいますが、**お子さんを信じるために必要なことは、まず、お母さんが自分自身を信じることです！** 子どもを心配するなら、まずはご自身を信じましょう！　そうすると、お子さんのことも「この子は、何があっても大丈夫！」と信じられるようになりますから！

◆お母さんが身につけたい、コーチング的子育てとは？

マラソンに喩えると、コーチとは、走者が望むゴールを明確にし、ゴールを達成できるように伴走する伴走者であり、あくまでも主役は走者です。これを子育てに置き換えると、走者＝子ども、伴走者（コーチ）＝親となります。ここで大切なことは**「どうしたいのか？」というゴールは、親ではなく、子どもが決める！**ということです。

親はつい「〜しなさい」という指示命令語で、言うことを聞かせようとしてしまいますが、コーチ的な関わりでは、「あなたはどうしたいの？」と問い、子どもが自ら考え出した答えを応援します。それがどんな突拍子のない答えでも否定せず、「いいね！　どうやったらできるかな？」と寄り添うことで、子どもは自分が決めたことに主体的に取り組もうとします。

もしうまくいかなくても、「じゃあどうする？」と考えさせることで、そこからのベストを考え、行動するようになります。人生に失敗などないと私は思っています。コーチ的視点を持った子育ては、言うことを聞かない！とキレてイライラするガミガミ母から、子どものやる気を引き出し、楽しみながらゴールに導く最強の母へ成長させてくれます。子どもにとって、お母さんがいつも応援団長として身近にいるほど、心強く嬉しいことはないと思います。お子さんが成長し巣立つときには、親子の固い信頼関係が築かれ、子どもはどんな時も、自分の人生を創造していく力を身につけることができます。ぜひ、コーチ視点を意識して、お子さんにかける言葉を、指示命令語から問いに変えてみてください。

◆子どもは預かりもの

私は、子どもは預かりものだと思っています。大切にお預かりした子どもを、愛情をかけて社会に貢献できる子に育ててお返しする。それが私たち親の役目の一つだと思っています。子育ては長いようで短い。子どもが成人すると実感します。ですので、子育て中の今の時間を大切に、お子さんと一緒に学び、成長する幸せな時間を過ごしてください。応援しています！

北田 和佳子（きただ わかこ）

◆プロフィール

北海道留萌市出身。

児童英会話講師歴17年／家庭教育コーチ／ライフコーチ
大学生と高校生の1男1女の母。

19歳で渡米。アメリカ・カナダに2年間滞在後、カナディアン航空会社成田空港支店に地上職員として勤務。結婚生活のなかでのパートナーシップのもつれから、「幸せとは何なのか？」と自分を見失い、人生の暗闇をさまよう。このままではダメになる！と、自分と本気で向き合うため、多額の自己投資をし、様々な講座を受講。心理学、自己啓発、コーチング等の本を読み漁り、思考の癖を知るとともに、自己理解や幸せに生きるマインドセットを学んだことで生き方が好転！

２０１７年に〝幸せの国〟常連国のデンマークを視察し、日本との大きな違いは「教育と政治」だと知り、良い日本を子どもたちに残すため政治活動に参加。２０１９年に、ネイチャー理論ライフコーチとなり、多くのお母さんの子育て相談や、パートナーシップ、人生の生き方の相談に乗っている。また、子どもたちの悩みを聞く度に、親がコーチ的な視点を持って子育てに向き合うことの必要性を感じ、お母さんへのコーチング的アプローチの仕方を発信している。

◆参考情報

電子書籍
『離婚は幸せへのパスポート：１００％自分を生きる７つのエッセンス』kindle版

[所有資格]

・ネイチャー理論ライフコーチ
・魔法の質問・キッズインストラクター
・コミュニケーション検定2級
・小学校児童英語指導資格 J-SHINE
・心書トレーナー

◆講演、研修、コンサルティング依頼者、相談者へのメッセージ

子育てコーチング講座、誕生日から一人ひとりの特性を知るネイチャー理論講座、講演会ほか、お仕事のご依頼はインスタグラムのＤＭまたはメールにてお願いいたします。

◆連絡先

①ブログ
自分の人生に恋して～Love The Life You Live～（アメーバブログ）
②ＳＮＳ
インスタグラム：家庭教育コーチ／ライフコーチ 北田和佳子
③メールアドレス　for.kids.future.2020@gmail.com

（インスタグラム）　（ブログ）

自由な遊びが子どもの心と身体を育む

齋木敦子

◆乳幼児期における我が子との過ごし方

私は、我が子二人が0歳〜3歳までの頃は、主人の仕事の都合で徳島県に住んでいました。その徳島県で出合った自主保育は、まさに自然の子育てそのもの。

山や川、海といった自然環境が身近にあり、こちらが遊びを提供しなくても、子どもたちは自分自身で自然の中で遊びを見つけていきました（草木や土、山の斜面や岩場、自然そのものが遊びの素材）。

暑い日も、寒い日も、雨の日も、風の日も。子どもたちは自然と一体になって自由に伸びやかに過ごすことができました。そんな姿に親としても深い喜びを感じると同時に、同じ価値観のもとで一緒に見守り合うことで共に育ち合える温かい居場所となっていました。

◆プレーパーク（playpark）との出合い

そんな居心地のいい徳島での生活が3年続いたのち、主人の転勤により千葉県の船橋市に引っ越すことになりました。

そこで出合ったのが、市川の里見公園にあるプレーパーク『あそびぼ』でした。

そこでは、子どもたちが好きなように野山を駆け巡っているかと思えば、ターザンロープで遊ぶ子、静かにおままごとをする子や、大人も一緒に焚き火を囲む姿など、とても自由に過ごす様子が見られ、衝撃を受けました。

その時、「これこそ私が求めていた遊び場の姿だ！」と確信しました。

そこから、当時わらべうた教室に一緒に通っていた友達に声をかけ、団体を立ち上げ、『プレーパーク船橋』として2018年1月にスタートを切りました。

◆プレーパークとは

プレーパークは誰でも遊べる野外の遊び場です。冒険遊び場とも呼ばれています。

なるべく禁止事項をなくし、やってみたいことに自分のペースで挑戦できることを大切にしています。

活動形態は様々ですが、2025年現在、全国では400カ所以上で展開、千葉県では約47カ所で行われています。なお、千葉県では「一般社団法人千葉県冒険遊び場ネットワーク（以下、ちばぼう）」が各団体の運営をサポートしています。

◆プレーパークにおける子どもの見守り方

プレーパーク立ち上げ当初は、「プレーパークってワイルドに泥だらけになって遊ばせることができる場所」と認識していました。しかし、子どもの過ごし方は様々です。

実際、長男はワイルドに過ごすタイプではなく、のんびり本を読んだり、工作をするのが好きなタイプ。自分の好きなことに没頭できる場所、何をしてもいいし何もしなくてもいいを尊重できる場所なんだ、と理解するようになって、とても楽になった覚えがあります。

次ページの図はちばぼうが独自に考えた、子どもたちを見守るときの指標です。

P（PLAN）：子どもたちは与えられた環境で、自分が選んで遊びを始める

これが、「子ども自身の意思で始まる」というPに当たる部分です。

プレーパークでは、子どもたちが自然と遊びたくなるような環境を、プレイワーカー

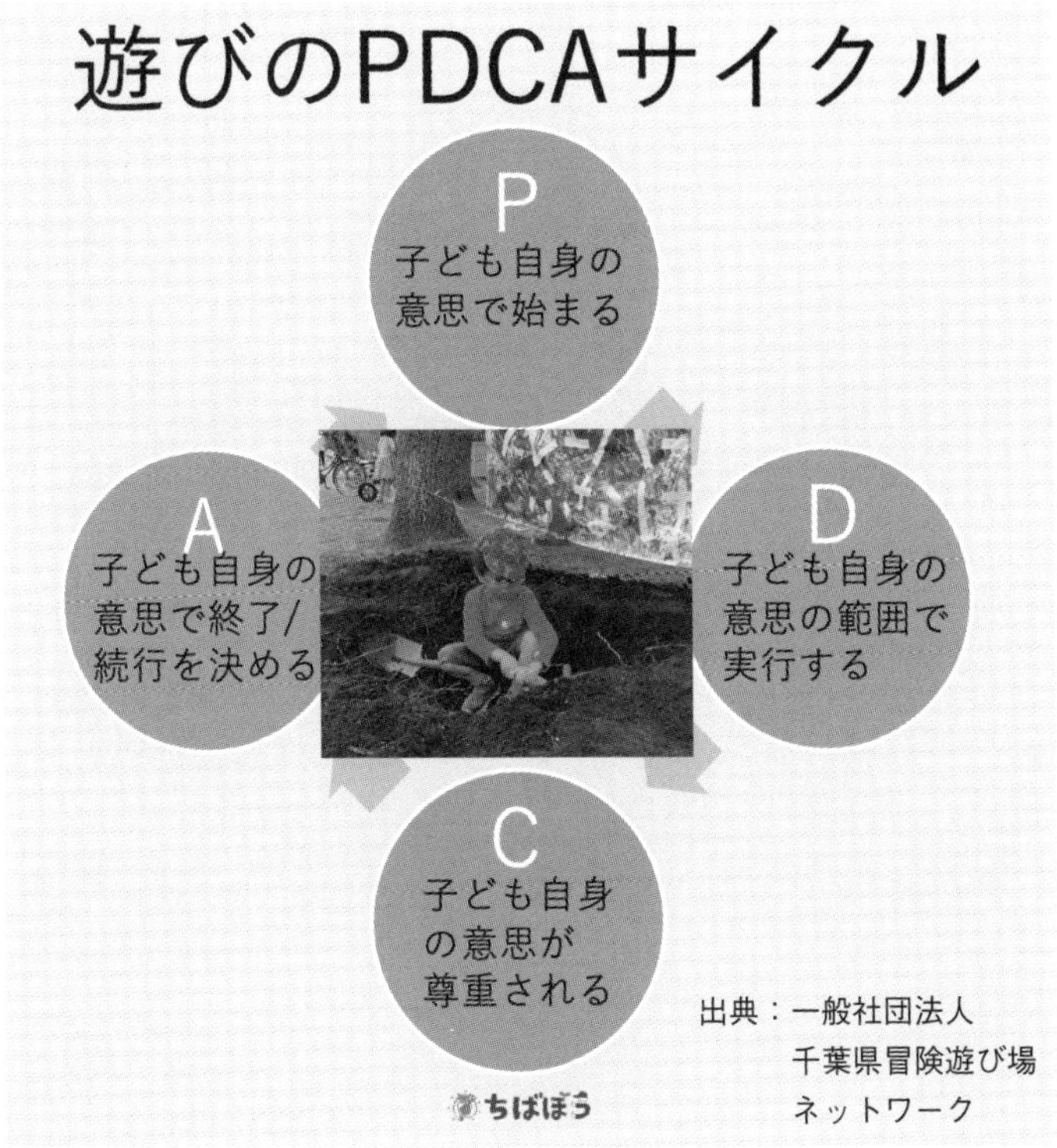
遊びのPDCAサイクル
P
子ども自身の
意思で始まる
D
子ども自身の
意思の範囲で
実行する
C
子ども自身
の意思が
尊重される
A
子ども自身の
意思で終了/
続行を決める
ちばぼう

出典：一般社団法人
千葉県冒険遊び場
ネットワーク

（プレーリーダー）が整えています。

あえて誘うようなことはしないし、「やっておいで」なんて言うこともありません。

子ども自身で挑戦できるようにしていきたいと考えています。

D（DO）：子ども自身の意思の範囲で実行する

遊び始めたら、子ども自身で取り組んでいるか、に注目をします。

大人が代わりにやってあげちゃったらもったいないですよね。

例えば、ちょっと危険なノコギリ作業も、代わってあげるんじゃなくてどうやったら扱えるかをサポートする工夫があればいいですよね。ちょっと危ないことも経験することで、自分自身で回避能力がつくと考えています。

ただ、子どもが危ないことをしていれば、親としては止めたくなるし、お友達を叩いちゃったり、喧嘩していたら、いたたまれない気持ちになるのもわかります。

兄弟喧嘩なんて、声を聞いているだけでイライラします（笑）。

けれど、子どもたちは子どもたち自身で、どんな場面も自己解決できるように考えて行動しています。

どんな行動にも意味があると考え、子どもを俯瞰してみると、ちょっと今は待ってみようかな、という心構えができます。

それが、C（CHECK）につながる見守り方：子ども自身の意思が尊重されるということにつながってくるのです。「あえて待つ」という、なかなか親としては難しい関わり方がポイントとなってきます。

けれど、プレーパークにおいては、たくさんの大人が子どもたちを同じ目線で見守っているので、不思議と安心して待つことができるんですよね。

A（ACTION）：子ども自身の意思で終了／続行を決める
プレーパークは特に決まったプログラムもなく、一斉に遊び始めたり、大人が指導することもないので、全部自分自身で決めます。すべては自分の心次第！

一つの遊びにとことん没頭する子もいれば、次々にいろいろな遊びをする子、もしくはただ眺めているだけ、なんて子もいたりします。

それでいいんです。自分で決めて行動することに意味があると考えています。

すべてにおいて、個人的に心がけていることは、**「まるっと受け止める」**ということです。

口癖は「まあいっか！」です（笑）。

この本でこんなことを言っているのは私だけかもしれませんが、それくらいの気持ちで子どもたちと遊ぶことを心から楽しんでいます。

◆自由な遊びが子どもの心と身体を育む

感覚統合って聞いたことがありますか？

詳しくはたくさん専門書が出ているので、自分に合ったものをお読みください。

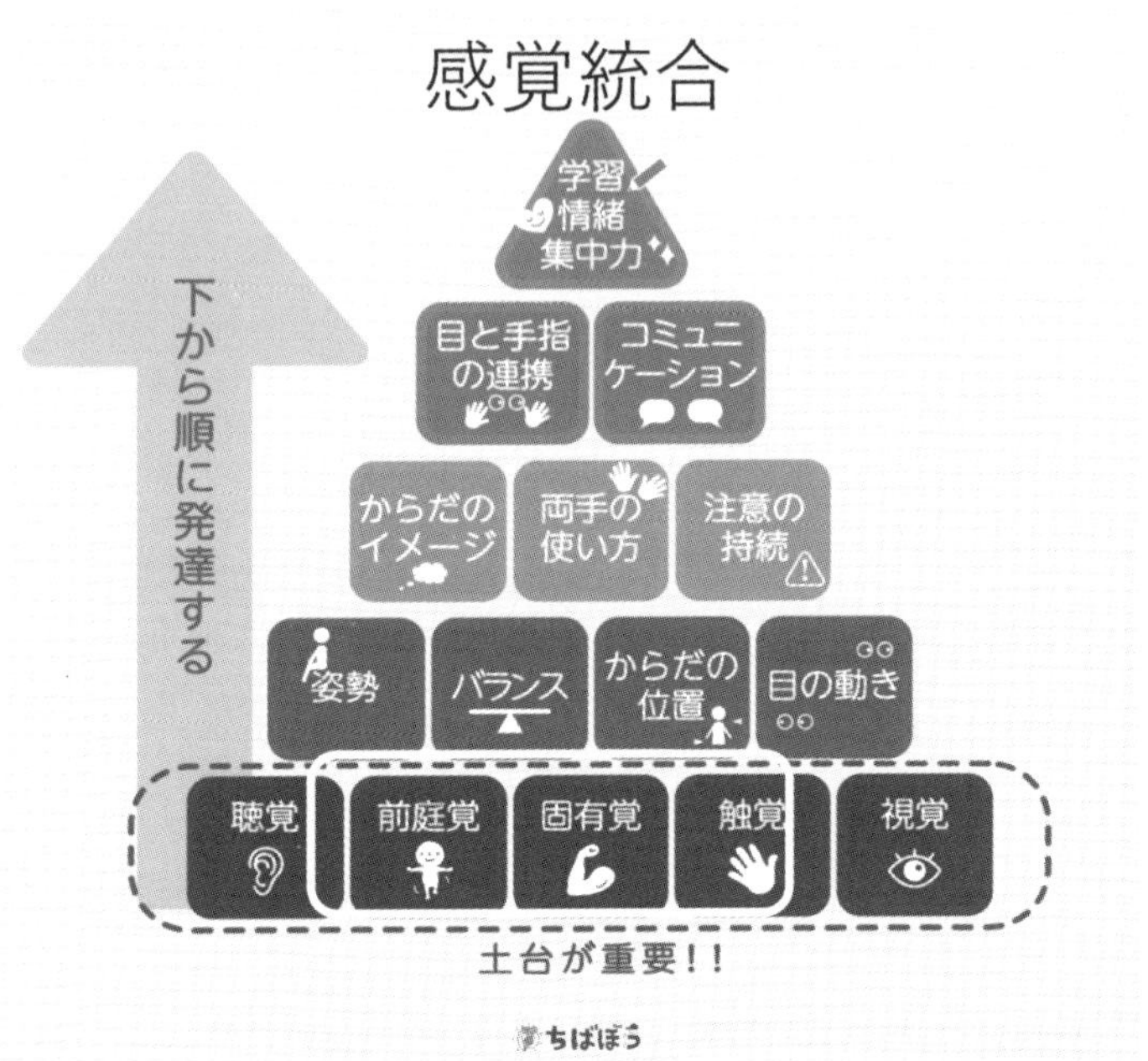

出典：一般社団法人千葉県冒険遊び場ネットワーク

ちばぼうでは、子どもは遊びのなかで自らの感覚を育てると考えています。

例えば、自然の水や土、草木に触れることで触覚が育ちます。凸凹した地面、ゆらゆらと揺れる感覚、高い所に行って平衡感覚（前庭覚）が育ちます。また、道具を使うことや、登る・降りるなどを通して、固有覚が育ちます。この発達の土台を遊びのなかで培うことで、ボディイメージができ、感覚情報を脳で交通整理して適切な行動を取れるようになるのです。

昨今では、子どもの外遊びが減少しているために、感覚統合に躓《つまず》きが出ていると提唱されています。

大事にしたいのは、**子どもが「快」の状態で過ごせているか**、ということです。「快」とは脳がスポンジのようにより良く情報をインプットできる状態です。自分の心が動くままに、楽しく遊ぶことができる環境こそ、子どもたちには必要なのではないでしょうか。

先日、プレーパークに久々に遊びに来てくれたご家族がいました。そのお母さんから「ここへ来るとホッとできる」という言葉をいただきました。これ以上に嬉しい言葉はありません。それこそが、私たちが目指している「居場所」という存在になっていたということなのですから。自分と子どもたちの居心地がいいなと思える空間で、今しか味わうことのできない子どもたちとの時間をうーんと楽しんでくださいね。

※参考文献
『そうだったのか！子どもの行動①』茂木厚子〔著〕、石神井・冒険遊びの会事業部〔編集〕（石神井・冒険遊びの会）
『育てにくい子にはわけがある 感覚統合が教えてくれたもの』木村順（大月書店）

齋木　敦子（さいき あつこ）

◆プロフィール

保育士／プレイワーカー（資格）。

子どもたちの自由な遊び場「プレーパーク」の運営に携わる。小5と小6のマイペース年子男子の母。趣味は山登り、ヨガ、猫吸い。

◆提供しているサービス内容

子どもたちの自由な遊び場「プレーパーク」の運営

◆連絡先

①SNS

インスタグラム：プレーパーク船橋

②メールアドレス　funabashi.playpark@gmail.com

（インスタグラム）

少しの知識と少しの意識で見えない不安に勝つ育児

神宮司　忍

◆不安は良い子育てに大切なエッセンス

自分の育児に自信を持って子育てをしている人は、はたしてどれほどいるでしょうか。

私が保育士になって30年近くが経ち、自分で園を始めてから今年で15年になります。

保育士として、園長として多くの保護者からのお話や相談を聞いてきましたが、乳幼児を子育て中の親のほとんどの方が心配や不安を持ちながら子育てをしています。

私は、子育てに心配や不安があることは悪いことではないと考えています。不安があるからこそ、悩み・考えながら一生懸命に子育てをすることにつながり、それが愛情としてお子さんに伝わっていきます。

しかし、心配や不安が強すぎるのも問題です。不安がゆえに何もできない、逆に非常に過保護になってしまうという傾向も窺え、子育てに支障が出てしまうこともあります。

そのような親の皆さんと話をしていると、適切な知識や情報が不足しているのではないかと感じることが多く、その場合は**「その保護者に足りないと感じる情報」**をお伝えすることで、子育てに対する余計な不安が軽減され、少し自信を持って子育てを楽しめるようになってくれます。

◆溢れる情報が子育ての不安を強くしてしまう

ここまでを読んで「今の時代に知識や情報が不足している?」と思われる方もいらっしゃるかもしれませんが、実は情報が溢れすぎているがゆえに、その人にとって必要な情報、適切な情報が届いていない状況が起こっています。

インターネットの情報量が増え、それをスマホで簡単に収集できる便利な時代になって起こっている想定外の事態とでも言いましょうか、今のように情報が簡単に収集できなかった10~15年前のほうが、その人にとって必要な情報が適切に届いていたように思えます。

◆情報が溢れるなかで情報を持ちすぎないこと

スマホ全盛期の今の時代では慣れないと少し難しいかもしれませんが、**「子育てに関する情報をできるだけスマホで調べない」**ことで育児の不安を軽くしてくれます。

不安だから調べたくなるというのは心情でしょう。しかし、人は心理的に不安で調べる状況においては、できていることの少し上の段階を調べてしまうものです。

不安が強い保護者と話をすると、毎日そのお子さんと関わっている私たち専門職の目から見て、何の問題もなく順調な子育てをして、お子さんも順調に育っているご家庭でも、スマホで調べて「先生、うちの子はこれができていないんです。どうしたらよいでしょうか」などと相談をしてくる保護者が増えてきました。

できているのに、できていることの少し上を調べて「できていない」と思って不安になる。そして、できるようになってもすぐにまたその少し上を調べて、できていないと不安になってしまう。

育児の不安を解消したくてスマホで調べることが、逆に自分の育児の不安を強くしてしまうばかりでなく、さらに際限なくいつまでも子育てに不安を持ち続ける、という現象につながっています。私はこれを**〝スマホの情報により負け続ける育児〟**と位置づけて、自分の園や講演会などで注意喚起をしていますが、解決策は、保護者が「スマホで調べすぎないこと」を今の時代の育児に必要な知識として身につけて、自分の意識で溢れるスマホ情報から上手に距離を置くことです。

膨大な情報に振り回されずに、適切な知識で情報を選べるようになると、不要な不安から解放されて、子育てを楽しめるようになってくるはずです。

◆気軽に専門職に相談する

スマホの情報から離れられない方もいるでしょうし、上手にスマホの情報から距離を置いたとしても不安が軽減されない方もいらっしゃるでしょう。そのような時は、ぜひその道の専門家に相談してください。

学校や保育園などにお子さんが通っているのであれば担任の先生に相談するのがよいでしょうし、未就園であれば子育て支援センターに行って、センターの先生に相談してみるのもよいでしょう。インターネットで「子育ての相談窓口」と検索すると、各都道府県や市町村には案外多くの相談場所があることに驚く方もいます。ぜひ、活用してみることをおすすめします。子育て支援の専門職は、どこに相談しても親身に寄り添って話を聞いてくれますし、何より守秘義務があるので安心して相談することができます。

また、専門家は多くのお子さん、多くのご家庭、多くの相談に関わっていて経験豊富なので、**「発育の許容範囲」**と**「関係機関のネットワーク」**を持っています。実際にお子さんを見て、その先の成長した姿までをイメージしながら話ができるのが専門家の強みです。専門家からの「大丈夫ですよ」の言葉は心強いでしょうし、発育や発達で心配がある場合も、きちんとそれぞれの専門家につないで最良の結果を目指して支援してくれますので、親が一人で不安に駆られるようなことにはなりません。

◆家族との感動体験

人は、いくつになっても「おもしろい」と思うことが大きな原動力になります。

おもしろいと感じたことには興味を持ち、「わぁ！　すごい！　なるほど！」という発見をします。そして感動しながら繰り返し学んでいきます。この学びとは体験のことで、体験記憶やエピソード記憶と言います。この体験記憶が様々な種類の記憶の中で、最も印象強く脳に残ります。大人になると経験も豊富になるので、ちょっとしたことだと発見や感動はなくなっていきますが、子どもにとっては毎日のちょっとしたことすべてが発見であり感動につながります。

人格の基礎・基本がつくられる幼児期は特にそうですが、人は体験により性格がつくられる生き物です。嬉しい、楽しいなどポジティブな経験や体験をたくさんしている人と、つらい体験、悲しい体験を多くしてきた人とでは考え方に違いが出てきます。

どちらの体験も脳に強く残る記憶ですから、親の力で環境をコントロールできる幼児期～学童期には、できるだけ良い体験記憶を残してあげたいものです。

良い体験にお金は必要ありません。遊園地や旅行に行くことが良い体験とは言いきれません。親の「気持ち」が最も重要なのです。一緒に遊ぶ、一緒に料理をする、抱きしめてあげる。親の気持ちが込もった体験は、お子さんの大きな学びにつながります。人には「本能」があり、生きるという本能は当然ですが、強い本能の中には「知りたい」と「仲間になりたい」というものがあります。幼児期～学童期において最も強い仲間は家族で、特に親と強くつながりたいと本能が求めます。その親が我が子に健やかに育ってほしいという願いと、そのために何をしてあげようかと考えを巡らすことこそが「気持ち」であり、それはしっかりとお子さんに心の栄養として伝わります。

「家族と一緒に楽しい体験をする」ことの積み重ねこそが、強い本能である「知りたい」と「仲間になりたい」を満たすとても大切なものなので、育児に不安を感じたら、とにかく**一緒に楽しい体験をすることを心がける**ことで、お子さんも健全に豊かに育ち、親も余計な不安から解消されていくでしょう。

神宮司 忍（じんぐうじ しのぶ）

◆プロフィール

山梨県初の公立保育所の男性保育士として採用。独立して県内初となる小規模保育園及び県内初の企業主導型保育の保育園を立ち上げ、園の運営とともにテレビ出演、講演、研修講師など山梨県の保育の先駆者として日々活躍しています。（保育士／幼稚園教諭／家庭的保育者）

◆提供しているサービス内容

保育園の運営（小規模保育、企業主導型保育、大規模保育園）

◆講演、研修、相談者へのメッセージ

自身の保育士としての経験、保育園の立ち上げと運営経験から保育士のスキルアップ研修や勉強会講師を行っています。また、保護者の方々の育児の悩みや不安を少しでも解消できるように、幅広い知識から育児に役立つ情報を簡単な勉強会や講話としてお伝え致します。わかりやすい内容と楽しい雰囲気の講話が特徴です。

◆連絡先

①ホームページ　ＯＬｉｖｅ保育園　平和と知恵の保育園
②メールアドレス　info@npohope.org

（ＨＰ）

かしこく、逆境に強い子に育てる『3B・3間子育て法』

わが子に合った学びと育ちを考える会「わがっこ」代表　藤本哲人

◆覚えやすく、親にもメリットのある子育て法

今、子育てをされている親御さんは、わが子にどんなふうに育ってほしいと思っておられるでしょうか？　かしこく、逆境に負けず、たくましく育ってほしいと思われる方も多いのではないでしょうか？　そんな方にぜひ試していただきたいのが、**『3B《さんびー》・3間《さんま》子育て法』**という考え方です。

子育て法の中にはメソッドを覚えることがたいへんなものもありますが、『3B・3間子育て法』は語呂がよくて覚えやすいのが特徴です。そして、気軽に口ずさむことができるので、悩み多き子育て中の親にとって、心の拠りどころとなる効果もあります。本稿では子どもにも親にも効果のある『3B・3間子育て法』についてお伝えします。

なお、ここで言う「かしこさ」とは、単に学力的に頭がいいということではなく、**「自分の頭で考え、行動し、困難に直面しても粘り強く解決していく力を持った子ども」**を意味しています。

◆自分の頭で考え行動する力を育む『3B』とは？

『3B』とは、**「ぼーっと」「没頭」「冒険」**の3つを指します。この3つの『B』に親しむことで、子どもは自分の頭で考え行動し、困難を乗り越える力を身につけていきます。

1. **「ぼーっと」**：子どもが「ぼーっと」していると、時間を無駄にしているように思えますが、実は大きな意味があります。心と頭が自由に働くことで、思考力や想像力が育まれ、自分や周囲のことに思いを巡らせることで、自分の未来を思い描く土壌をつくります。

2. **「没頭」**：何かに夢中になり、時間を忘れて取り組む「没頭の時間」も重要です。没頭は集中力を鍛え、粘り強さや自己有能感を育みます。没頭の対象は遊びでも何でもOKです。夢中になる経験が、学びや挑戦に必要な力を培います。

3. **「冒険」**：新しい経験や未知のことに挑戦する「冒険」も大切です。危険を伴う挑戦である必要はなく、新しいことへのチャレンジでOKです。新しい遊びを考えたり、初めての場所に出かけたり、初めてのお手伝いをすることも冒険です。冒険を通して成功の喜びや失敗の悔しさを体験し、達成感や向上心、問題解決力、自信、自己肯定感などを習得していきます。

◆『3B』の効果を最大化する『3間』とは？

『3間』とは、**「時間」「空間」「仲間」**を意味し、**『3B』の効果を最大化**する要素のことを表しています。

1. 「時間」：余裕のある時間のなかで過ごすことはとても大切です。日々のスケジュールが詰め込まれていると、ぼーっとしたり没頭することが難しくなります。子どもには意図的に自由な時間と余白を与え、『3B』に存分に取り組めるようにしましょう。

2. 「空間」：大人に干渉されず、自分で考えたことを心置きなく行えるスペースを与えることは『3B』の実践に加え、自発性を育てるうえでも大切です。家の中では専用スペースの確保が難しければ、時間を限定しての設置でもOKですので、取り組んでみてください。

3．「仲間」：ただの〝友達〟よりも少し関係性が濃い〝仲間〟。仲間がいることで『3B』の活動は広がり、深まっていきます。仲間と呼べる友達の存在を親御さんも大切にしてあげてください。

◆特に大切な『3B』と見守りのコツ

特に大切なのは『3B』です。そして親が口出ししがちなのも『3B』です。次のことを意識することで、わが子の『3B』を見守りやすくなります。

・「ぼーっと」：つい、「ぼーっとしていないで◯◯したら？」と言ってしまいがちですが、そこはぐっとこらえて、「今、この子の中ではいろいろなことが起きてるんだ！」と思って見守ってあげてください。その我慢が、よく考える子を育てます。

・「没頭」：子どもが夢中になっていると、「何やってるの？」と聞いてみたり、アドバイスをしてみたりと声をかけてしまいがちです。でも、**没頭の大敵は〝中断〟**です。「よし！　もっともっと没頭するんだ！」との声かけは、心の中ですることにして、没頭が少しでも長く続くようにしてあげてください。

・「冒険」…ケガをしないようにブレーキをかけたり、うまくできるように誘導してしまうということがありますよね。気持ちはわかるのですが、「今失敗しておこう！　それが未来のため！」と思って、手出し口出しせず見守りに徹しましょう。

子育てでは、手出し口出ししないというのが一番難しいですよね。でも、それこそが〝親の務め〟と思ってこらえてください。その時に**「さんぴー、さんま。さんぴー、さんま」と唱える**ことでこらえやすくなります。ぜひ試してみてください。

◆『3B・3間子育て法』の本当の効果

『3B・3間』の良さは、覚えやすく口ずさみやすいことにあります。悩み多き子育てにおいて、拠りどころとなるフレーズを持つことは、親の心を落ち着かせるとても大切な要素です。「さんぴー・さんま、さんぴー・さんま」と口ずさみながら、心安らかに楽しく子育てをしてください。楽しそうにしている親の姿こそが子どもの前向きな心を育て、困難を乗り越える力を育む源となります。

『3B・3間』の重要性は理解していても、実際にはうまくいかないことがあるかもしれません。そんな時は個別にご相談を受け付けていますので、お気軽にご連絡ください。

藤本 哲人（ふじもと あきひと）

◆プロフィール

国家資格キャリアコンサルタント、学習スタイル診断認定コーチ、日経カレッジカフェアカデミー元校長

１９６９年生まれ。兵庫県宝塚市在住。立命館大学文学部卒業。企業向け人材育成コンサルティング、クリエイター育成スクール、大手ＰＣスクール、大学生の就活支援など、人の成長に携わる事業に従事。これらの経験から、子ども時代に自ら考え行動する力を身につけさせることの大切さを痛感。現在、大阪府豊中市に子どもの自発性を養う学校（オルタナティブスクール）をつくるべく準備中。

◆提供しているサービス内容

【講演・ワークショップの例】

- やってみよう！『３Ｂ・３間子育て法』
- オルタナティブ教育～知ってる？新しい教育の形を考えよう！～
- キャリアカウンセラーと不登校の子どもたちの未来を発見しよう！
- ＳＴＥＡＭ教育の前に国語力！
- 学習スタイル診断 Self-Portrait™ を使った「わが子に合った学び方を考えるセッション」
- 不登校生のおられる親御さんを対象にした「わが子の未来を考えるセッション」

◆連絡先

①ブログ

日本にもっとオルタナティブスクールを！（note）

②ＳＮＳ

インスタグラム：わがっこ

③メールアドレス　fujimoto812@gmail.com

（インスタグラム）　（ブログ）

実践的子育て論・魔法の３年間

三冨正博

◆息子が歩んだ道

僕が子育てにハマったのは今から30年前です。１９９５年に息子が生まれ、いろいろやってみたところ、とてつもなくうまくいってしまったのです。

僕は息子に「自分がワクワクすることを追求してもらいたい」とは思っていましたが、将来はいい大学に息子を入れたいと思って努力したことはありませんでした。それにもかかわらず息子が歩んだ道は、目を見張るものがあります。

多くの方のご参考にはならないとしても、このような父親が一人いたのだ、そして、そこから読者の皆さまに何かご参考になることがあればと思い、本稿を書いています。

小さい頃からよく本を読んでいた息子は、いろいろなことに興味関心を持ちハマっていきました。小さい頃は『きかんしゃトーマス』、その後はレゴ®やベイブレードというコマ遊びにハマり、テニス選手と作家になるという夢を持っていました。小学生では将来はロボットを作る人になりたいと言っていました。中学に入ってからはバイオリンを始め、中学・高校の6年間ずっとバイオリンにハマっていました。高校生になると将来は弁護士になりたいと言って、実際、東京大学の文科一類に現役で入りました。大学に入ってからも大学のオーケストラでバイオリンを続けていました。3年生になると法学部に行くと思いきや、フランス哲学にハマり、3年・4年生とフランス哲学をやっていました。そんな様子から将来はフランス哲学者になると思っていましたが、4年生が終わるとそのまま東京大学法科大学院に入り、卒業後に司法試験を受けて1回で合格し、現在は都内の弁護士事務所に勤めています。

以下では、私がどのような子育てをしたのかについて、一つの実践例としてご紹介したいと思います。

◆2冊の本との出合い

次に紹介する2冊の本を読み、実践したからこそ息子は**いろいろなことにハマり、たくさんの経験と失敗をしながらスクスクと育っていった**と思っています。

最初の1冊は、ソニーの創業者である井深大《いぶかまさる》さんが書いた『**幼稚園では遅すぎる**』（サンマーク出版）です。

たまたま僕が大学生の時に、井深さんが大学に講演に来るという機会に巡り合いました。その時、井深さんがこの本を紹介され、その説明に衝撃を受けた僕は講演会が終わると、その足で本屋に買いに行きました。そして、将来「子どもができたら本で書かれていることを実践してみよう」と決めたのです。

もう1冊は、実際に子どもが生まれた１９９５年頃に出合ったグレン・ドーマンさんの『**子どもの知能は限りなく**』（サイマル出版会）です。読んでみて「おもしろそうだ」と思った僕は、この本に書いてあることもやってみようと思いました。

◆子育てこそ「継続は力なり」

2冊の本に書いてあることは頭では理解できましたが、「本当にこんなことが起こるのか？」という疑念が子育てをしている間ずっとありました。

息子が生まれて実際に読み聞かせやドッツカード、音楽を聴かせたり、名画を見せたりし始めました。ところが、やり始めて2～3日経っても息子は全く反応しません。

まだ生まれたばかりだから当然かもしれませんが、「こんなことをやっていて本当に効果はあるのだろうか?」「やめてしまおうか」と思いました。仕事も忙しいし、ゴルフもしたい等、やめる理由はたくさんあったのです。

でも、やめることはいつでもできる。あまり肩に力を入れず、できないなら無理をしてまでやらなくてもいい。でも、「どうせ家にいるなら」という感じで続けることにしました。そして、この**「続ける」**ということが子育てにおいて大切なのだと後になって気づきました。

◆子どもを本好きにしてワクワクを認める

疑念の中でも一番大きかったのは、「子どもを本好きにするには」です。それは僕自身が子どもの頃に本を読むことに馴染みがなく、子どもを本好きにするイメージが湧かなかったからだと思います。しかし、**「子どもを本好きにするには読み聞かせを毎日やればいい」**というとてもシンプルな答えがありました。

そして、実際に読み聞かせを毎日やってみると、不思議なことに本当に本好きな子どもができあがってしまいました。子どもが本好きになると、関心のあるテーマと関連のある本を図書館で借りることが習慣となりました。

例えば、5歳になった息子がレゴ®にハマったことがありました。その後、図書館でレゴ®関連の本を借りてきた彼は、読書を通して次のように人生を進めていきました。

・レゴ®の図鑑を真剣に読み、実際にいろいろなレゴ®を作って楽しんでいるうちに、レゴ®でロボットを作るようになった。
・すると今度はロボットにハマり、ロボットについての図鑑や本を借りて真剣に読むようになり、さらに複雑な形をしたロボットを作るようになった。
・ある中学校の文化祭でロボットの展示をしていることを知った息子をその文化祭に連れて行ったところ、中学生たちが自作のロボットを動かしている様子を大変興奮して見ていた。
・それからしばらくして、「先日文化祭に行った中学に入って自分もロボットを作りたいから、中学受験をしたい」と言い始めた。
・その後、中高一貫校に進学し、勉強するなかで法律に興味を持ち、「弁護士になりたい」と言い始めた。

その後は、冒頭の「息子が歩んだ道」に書いた通りです。

正直、自分としては、中学受験もいい大学も必要ないと思っています。しかし、息子の姿を通して、本好きになることで子どもは**自分の関心に深く集中し、好きな分野を広く推し進め、そこからたくさんの経験を積むことで自ら人生に必要なものを選び取っていく**のだと実感しました。

◆子育てはシンプル

このように、僕の子育てはとてもシンプルでした。

「三つ子の魂百まで」というのは本当であり、一人でも多くの親御さんに「魔法の3年間」を楽しんでいただければ幸いです。親の重要な役割は、子どもに何かをやらせようとするのではなく、**子どものワクワクを認め、寄り添い、応援する**形でサポートしていくことです。そうすれば、子どもは自ら道を切り拓くのだと思っています。

三冨　正博（みとみ　まさひろ）

◆プロフィール

1987年青山学院大学経営学部を卒業後、アーサーアンダーセン東京事務所に入る、東京勤務の後、サンフランシスコ、シアトル、アトランタの各拠点で公認会計士として経験を積む。2000年に「これから世界で一番おもしろい国は日本である」と思い日本に帰国、ベンチャー企業で経験を積んだあと、友人と2001年に「価値創造」をテーマに株式会社バリュークリエイトを設立、現在に至る。

◆提供しているサービス内容

価値創造のアドバイス、統合レポート制作等

◆参考情報

［所有資格］公認会計士

［著書］

『企業価値評価の基本と仕組みがよ～くわかる本』（秀和システム）／『目的別7ステップ財務分析法』（税務経理協会）／『ワクワク会社革命』（講談社）／『「見えない資産」経営』（東方通信社）／『「ワクワクtoできる」の２軸のマッピングでつくる新しいキャリア』（共著）（カナリアコミュニケーションズ）

◆講演、研修、コンサルティング依頼者・相談者へのメッセージ

講演、研修、コンサルティング等をご希望の方は左記メールアドレスまでご連絡ください。

◆連絡先

①ホームページ　バリュークリエイト

②ＳＮＳ　フェイスブック：三冨正博

YouTube：みとみくんチャンネル

③メールアドレス　mitomi@valuecreate.net

（ＨＰ）

(YouTube)

親の「心」を整えることから始めませんか？
～子どもの未来を輝かせる子育て～

森川さやこ

◆「うまく子育てができない」と感じている方へ

「子どもを褒めたほうが良いのはわかるけど、うまく褒められない」「ついイライラして子どもを叱ってしまう」――このような経験はありませんか？

カウンセリングの場では、「子どもの気持ちに寄り添えない。どうしてこんなこともできないのだろう」「イライラしてばかりで親として失格だ」と、涙ながらに話してくださる方もいらっしゃいます。「私の頑張りが足りないから」「私がもっと優しければ」と自分を責めて自信を失い、子育てがつらくなってしまう。このような方は決して少なくありません。

◆「うまく子育てができない」と感じる本当の原因とは？

「子どもをうまく褒められない」「子どもの気持ちに寄り添えない」「イライラして叱りすぎてしまう」。これらの原因は、本当にあなたの「頑張り」や「優しさ」が足りないことにあるのでしょうか？

なんとか状況を改善しようと努力を重ねてきた方、「このままでは子どもも自分と同じように傷つき、つらい人生を送ることになる」と子どもの人生を心から心配している方……。どの方も一生懸命に、大切な子どものことを考えています。「親として頑張っている。子どもを想う優しさも持っている」。私はそう感じるのです。

「頑張り」や「優しさ」は十分にある。それならば、「うまく子育てができない」原因として「別の問題が隠れている」とは考えられないでしょうか？

◆子ども時代を振り返る

あなたが子どもだった頃を思い出してみてください。どのような環境で、どのような子ども時代を過ごしていたでしょうか？

「～しなさい」「～してはダメ」と強く叱られていませんでしたか？　「どうしてできないの！」と責められたり、「○○ちゃんみたいに頑張りなさい」と比較されながら過ごしていなかったでしょうか？　親や家族、周りの人の顔色を窺ってはいませんでしたか？　悲しさや寂しさ、不安、怖さを感じることはなかったでしょうか？

◆「子どものあなた」と「今のあなた」はつながっている

子ども時代のつらかった体験は、今のあなたが抱えている「心の問題」の原因となることがあります。例えば、褒めてもらうことなく否定や批判ばかりを受けて育つと、我が子に優しく接したり、褒めたりすることが難しくなってしまうかもしれません。それは、親であるあなた自身がそうしてもらえなかったために「優しくする」「褒める」といった接し方がわからなかったり、子ども時代の記憶がよみがえり、心の傷が痛んでしまったりするからです。「子どもに良くない」とわかっていても、心のコントロールができなくなってしまうこともあるでしょう。

「子どものあなた」と「今のあなた」はつながっています。そう考えると、「頑張れない」「優しくできない」というつらさの根底には、子ども時代からずっとそのままになっているあなたの「心の問題」が存在する場合もあるのではないでしょうか？

◆親の「心の問題」は子どもの人生に影響する

子ども時代は人生の土台をつくる大切な時期です。もし親が「心の問題」を抱えていて、子どもを否定しがちだったり、叱ってばかりいると、子どもは十分な安心感や自信、自己肯定感を育めない場合があります。自分を大切にできなくなり、「やりたいこと」がわからなくなってしまう。夢があっても、怖さから行動を起こせなくなってしまう。このようなこともあるかもしれません。**親の「心の問題」は、子どもの人生に影響を与えてしまう**のです。

では、「心の問題」が足かせとなっている親は、子どもが夢を大切にし、のびのびと羽ばたける子どもに育てるためにどうすればよいのでしょうか？　大切なことを３つお伝えします。

①「心の問題」を軽減・解消させること

親の「心の問題」は、親にも子どもにもつらい思いをさせます。様々な事柄が絡み合っている場合は、すぐに解決できないこともあるかもしれません。それでも一つずつほどき、軽減・解消していくことが非常に大切です。一人では難しい場合は、あなたと子どもの毎日のために専門家の助けを借りるのもよいでしょう。

②自分を認め、信じられるようになること

親自身が自分に自信がなかったり、自分に対して否定的だったりする場合、子育てのプレッシャーが大きくなってしまうことがあります。その結果、不安やイライラを強く感じてしまうこともあるでしょう。

自分に自信を持てるようになると、心が安定して周りに振り回されない子育てができるようになります。子どもとより良い時間を過ごせるようになり、子どもの心をサポートできるようになるでしょう。

③子どもの力を信じ、見守ること

子どもは誰もが、世界に一つしかない「宝石」を持っています。それぞれに個性があり、唯一無二の輝きを秘めています。しかし、親が不安やイライラから口や手を出しすぎてしまうと、子どもの自信や自主性は十分に育まれません。子どもが持っている「宝石」は輝きを失ってしまうのです。

親は子どもの力を信じ、気持ちや意見を尊重して「あなたはあなたのままで大丈夫だ

よ」と成長を見守ることが大切です。親が信じ、見守ってくれることにより、子どもは安心して自分の力を発揮できるようになります。「夢」や「やりたいこと」に向かって、自然と力強く進めるようになるでしょう。

◆親も、子どもと一緒に成長しよう

親が変わると、子どもも変わります。親であるあなた自身の宝石が輝きを増せば、子どももその光の影響を受けるからです。あなたが穏やかな光を放てば、きっと子どもは安心して素敵に輝くことができます。

「親自身が自分を認め、信じられるようになること」「子どもの力を信じ、見守れるようになること」。そのためにまずは、**親自身の「心の問題」を整えることから始めましょう。**

森川　さやこ（もりかわ さやこ）

◆プロフィール

元アダルトチルドレン、HSP（ハイリー・センシティブ・パーソン）、3児のシングルマザー。「心を癒し、思考を整える　相談室そら」カウンセラー。「おだやかで自分らしい毎日」に向けたサポートを行う。

◆参考情報

［所有資格］

保育士／メンタル心理カウンセラー

一般財団法人NLPミレニアムジャパン認定LC（ライフチェンジ）プラクティショナー

◆講演、研修、コンサルティング依頼者・相談者へのメッセージ

ご縁を大切にしています。少しでもお力になれれば幸いです。お気軽にお問い合わせください。

◆連絡先

①ホームページ
相談室そら

②メールアドレス　info@sola-counseling.com

（HP）

大人が変われば子どもは変わる！子どもの気質に寄り添い、自己肯定感を育てる指導

ポンテムジカ＆クオーレ代表　山中敦子

◆コーチング理論に基づいた心を育む指導

私は、東京小平市でポンテムジカ音楽教室を運営しています。

ポンテムジカ音楽教室が最も大切にしていることは、コーチング理論に基づいた**「心を育む」教育**です。

具体的には、以下の３つを念頭に日々子どもたちと向き合っています。

１つ目は、アメリカの心理学者Ａ・トーマス博士の理論である、**子どもの気質を理解し、個々の気質に合わせた指導を行うこと。**人には、生まれ持った気質があります。性格は環境で変わりますが、気質は生涯変わりません。のんびりさん、きっちりさん、アクティブさん、繊細さん、こだわりさんなど、それぞれの気質と同時に認知特性も理解し、そ

の子に合わせて指導をしています。例えば、引っ込み思案の子を無理やりみんなの輪に引き入れようとすると、ストレスを感じるでしょう。私たちはその子が自分の意思で一歩を踏み出すときが来るまで見守ります。時間はかかっても子どもは必ず自分の足で一歩を踏み出す力を持っています。一人ひとりの気質を理解するようになると、「この子はなぜこれができないの？」という考えもなくなります。何より、気質に合ったアプローチをすれば、その子が持つ才能を最大限伸ばせるのです。子育てにもぜひ活かしてほしい理論です。

2つ目は、**できないことではなくできていることにフォーカスすること。**大人は子どものできていない点に目が行きがちですが、視点を変え、その子ができていることに注目して承認し、自己肯定感を育みます。できていない点に注目するのではなく、これからどうなりたいのか、そのためにはどうするかという「ソリューション・フォーカス・アプローチ（解決志向型）」の指導を行っています。

3つ目は、**ポジティブな声かけをすること**です。「こだわりが強い・頑固」な子は、「意志が強い」と言い換えることができます。「行動が遅い」子は「慎重・落ち着きがある」と言い換えられます。このように、一見欠点と思われることが、実はその子の強みでもあります。子どもの話すことに耳を傾け、どんな意見もまず承認し、ポジティブな声かけと対話をするよう、講師全員が心がけています。

◆〝しくじり母さん〟だった経験から今の指導法にたどり着いた

私がそのような指導をするようになったのには理由があります。

私には一人息子がいます。不妊治療の末に授かった子なので思い入れが強く、手取り足取り一生懸命子育てをし、子育てに自信を持っていました。ところが、幼稚園に入園し、初めての保護者面談で園長先生から言われたのは、予想もしない言葉でした。「お子さんは自分では何ひとつできません。その責任はお母さんにあります」と。過干渉な私のせいで息子は指示待ちっ子になってしまっていたのです。

ショックでした。何が間違っていたのだろうと必死で調べるうちに、「キッズコーチング®」と出合いました。すがる思いで講座を受けたら、目からウロコの連続。親が子どもに「あれしてこれして」と指示を出したり、教え込んだりするのではなく、「あなたはどう思う？」と子どもに考えるチャンスを与え、子どもに決めさせる。答えは本人の中にあるということ。子育てのゴールは自立させること。

学んだことを実践すると息子はみるみる変わっていきました。

◆自身の子育て経験を音楽教室でも実践し、子どもたちの笑顔が増えた

戦後の日本の教育は大人が絶対的存在で、子どもは先生の言うことに従う時代でした。私もそれが当たり前でした。20年以上子ども指導をしていましたが、お話を聞ける子もいれば、じっとできない子もいたり、十人十色。生徒の指導にとても苦労していました。

しかし、教室にもコーチングを採り入れて指導をするようになると、子どもたちの笑顔が増え、のびのびと自己表現するようになり、私自身も指導が楽しくなりました。

大人の接し方ひとつで子どもはこんなに変われるのだととても感動し、保護者の方たちにもコーチングの話をするようになりました。すると、お母さま方も子育てにコーチングを採り入れてくださり、子どもが変わったと喜びの声をいただいています。

◆気質とコーチングを採り入れた指導でみるみる変わった子どもたち

過去に、とても引っ込み思案のAさんという生徒がいました。レッスンに来ても、お母さまの後ろに隠れたまま出てきません。そこで私は「お母さまも一緒にいてください」とお願いしました。「必ずこの子が一歩を踏み出す日が来る」と信じ、その子のペースに合わせて指導をしていました。すると、3カ月ほど経った頃でしょうか、突然Aさんが「今

日は一人で行く」と言ったのだそうです。お母さまと一緒に感動したことが忘れられません。Ａさんは今では、チアリーディングをするような活発なお嬢さんに育っています。

Ｂくんは椅子になかなか座れない子でした。ピアノのレッスンは椅子に座って受けるものというイメージがあるかと思います。しかし、動きたい、動いてしまうという子を無理に座らせても集中力は続きません。このアクティブなＢくんは、まず音楽に合わせて体を動かしてもらうと、すんなり椅子に座れるようになりました。本能的な欲求を満たすことで集中力が続くようになっていったのです。その子の優位な感覚を理解しアプローチすると、弱点がカバーできるのです。

こんなふうに、大人が一方的に「こうしなさい」と指導をするのではなく、**その子の気質を理解し、「この子は自分でできる」と信じ、寄り添う指導**を続けています。

◆多様な子どもたちを受け入れたい

近年、発達障害やグレーゾーンと言われる子どもたちが増えているそうです。「じっとできない子」「話を聞けない子」「手のかかる子」など、あたかもその子たちが問題児のような言葉を耳にする度に、違和感を覚えてしかたありません。子どもに問題があるのではなく、その子たちを伸ばしてあげられる大人や指導者が足りないこと、そしてそういう社会こそが大きな問題なのではないかと私は思っています。

世の中に、同じ人間は一人もいません。私は、多様な子どもたちの個性を活かし、最適なレッスンができるように「児童発達支援士」資格を取得し、現在も学びを深めています。

子どもには、学校でもない、家庭でもない、**第三の居場所**が必要だと言われています。習い事は第三の居場所になり得るのではないでしょうか。そんな気持ちから、子どもたちがほっとできる場にしたいと思っています。

保護者の方にご好評をいただき、子育て中のパパやママを対象とした、コーチング講座も実施しています。気質、発達段階に沿った子育て、無条件に子どもを愛する、結果ではなく頑張った過程を承認するなど、キッズコーチング®のエッセンスをお伝えしています。子ども向けの教室を運営している指導者の方にはコーチ育成講座もおすすめです。ぜひ、お問い合わせください。

山中 敦子（やまなか あつこ）

◆プロフィール

ポンテムジカ＆クオーレ代表
芸術大学大学院を修了後イタリアに留学。帰国後は声楽家として活動。結婚・出産後、演奏活動と音楽教室の運営、子育てを両立。過干渉な子育てへの反省からキッズコーチング®に出合い、子育てと、子ども指導方針を大転換。

◆提供しているサービス内容

子どもの生まれ持った気質を大切にしながら生き抜く力を育むために、発達心理学や行動科学を採り入れ多角的な指導を実施。

また、保護者向け子育て講座やコーチングセッション、子ども教室の指導者育成に力を注いでいる。

キッズコーチング®
- 気質診断®
- キッズコーチング®体験講座
- キッズコーチング®アドバイザー資格認定講座
- キッズコーチング®マスターアドバイザー資格認定講座

（キッズコーチング®）

◆参考情報

［所有資格］
中学校・高等学校教諭専修免許（音楽）／一般財団法人日本キッズコーチング協会認定キッズコーチングトレーナー／一般財団法人日本キッズコーチング協会認定ボディーバキッズトレーナー／知育音楽インストラクター／児童発達支援士／日本唱歌童謡教育学会認定芸術員

◆講演、研修、コンサルティング依頼者・相談者へのメッセージ

子どもの気質を活かした子育て、指導を目指す方、ぜひご相談ください！

◆連絡先

①ホームページ
　ポンテムジカ音楽教室
②ＳＮＳ
　ＬＩＮＥ：キッズコーチング「ポンテクオーレ」
③メールアドレス　pontecuore2020@gmail.com

（HP）

（LINE）

第6章

おもに教育関係者（教師・教育指導者・教育機関経営者）や子どもの育成環境を支援する人や団体からのアドバイス

教育関係者の役割とマインドセットについて

青山いおり

◆教育関係者の役割は重要

教育関係者の役割は非常に重要で、教師や教育指導者が子どもに与える影響は多岐にわたります。

グローバル化や情報化、多様性に対応していかなければなりません。教育は、子どもたちに単に知識を伝えることではありません。それは、**未来の社会を創り出す創造性を育み、多様な価値観を受け入れる心を育むこと**なのです。

教育とは、子どもたちの可能性を引き出して開花させ、未来を担う人材へと育成することです。そのためには、人格形成のサポートも必要です。

人格形成のサポートとして道徳心、社会性、協調性など人として生きていくうえで必要な基盤を育みます。

また、個性を尊重して一人ひとりの才能を伸ばすような指導を行います。自立した行動を促すことで、子どもは自分の意思や能力に自信を持つようになります。これは、自己肯定感を高め、困難な状況にも立ち向かう力を育てます。

子どもたちへのサポートや共感と理解も欠かせません。子どもの個々のニーズや背景を理解し、適切にサポートすることで、自己肯定感を高めることができます。

子どもの感情や状況に共感し、理解を示すことで、信頼関係を築きます。これにより、子どもは安心して自分の思いや悩みを話すことができます。

また、子どもが困難に直面したときには、励ましや適切なサポートを提供することで、モチベーションを高めることができます。

教育関係者は子どもの家族とコミュニケーションをとることも必要となります。保護者と連携し、家庭環境と学校環境をつなげる役割を果たします。家庭環境を知ることによって、どのようなサポートがより適切なのかがわかります。また、保護者は学校環境を知ることによって安心します。

未来に希望が持て、夢を叶えられる子どもたちを育てるために、夢の実現への支援もあるとよいでしょう。そのためには目標設定と計画性や時間管理のスキルを身につけさせます。夢を追うためには明確な目標を設定し、それに向けた計画を立てる必要があります。このプロセスを通じて、計画性や時間管理のスキルが身につきます。

自分の夢に向かって努力する過程で、子どもは様々な課題に直面します。これに対処することで、問題解決能力や柔軟な思考が養われます。

子どもたちが自らの夢を追い求める力を育むためには、教育関係者の役割はとても重要で、なくてはならないものです。

教育関係者の役割は、子どもたちの未来を担うという点で非常に重要です。子どもたちは、教育関係者との出会いを経て大きく成長し、社会の一員として活躍していきます。

教育関係者の皆さまは子どもたちのお手本となる存在です。とても大切で重要な役割があるのと同時に、子どもたちの成長を支え、温かい愛情で包み込む、とても尊い仕事だと思います。

だからこそ、日々のご苦労も絶えないことと思います。教育関係者の方々の心のケアも重要になると思っています。まずは子どもたちへの教育にあたり、どのような心持ちでいればよいのか、教育関係者のためのマインドセットをいくつか挙げてみます。

◆教育関係者のマインドセット

今、教育関係者たちに求められているものは非常に多岐にわたっています。そのため、教育関係者の方たちにもストレスのかかることが多くなっていることでしょう。まずは、少しでもストレスがたまらないようにするためのマインドセットから始めることをおすすめいたします。

１つ目は**成長のマインドセット**です。

学び続ける姿勢、自分自身と子どもたちの成長を重視し、失敗を学びの機会として捉えるようにします。失敗を恐れず難しい状況や課題にも前向きに取り組む、挑戦する姿勢を持ちます。

２つ目は、**ポジティブな視点を持つ**ということです。子どもたちが持つ可能性を信じ、ポジティブなフィードバックを提供します。

感謝の気持ちを様々な場面で持つ習慣をつけることもよいです。日々の小さな成功や努力に感謝し、周囲の良い面を見つける習慣を持ちます。

子どもたちや保護者の方々、同僚や上司の良い面を見つけるのはもちろんのこと、自分自身の良い面を見つけることも大切です。

自分自身を褒めることをしない人が多いと思いますが、ぜひ習慣にしていただきたいと思います。

3つ目は、**連携とコミュニケーション**です。

同僚や保護者と連携し、子どもたちを支援します。一人では限界もあり視野も狭くなりがちです。意見交換やフィードバックを大切にし、コミュニケーションを促進します。日頃からオープンな意見交換をすることによって、問題を未然に防ぐこともできます。同じ立場にいる方々の意見を聞いたり、時には相談に乗ってもらうのもよいですね。

最後、4つ目は**自己ケアとバランス**です。

教育関係者の方々はストレスフルな状態になってしまうときがあると思います。日々の自己管理が必要になります。ストレスを適切に管理し、自分自身の健康や幸せを大切にしてください。

仕事とプライベートのバランスを保ち、持続可能な働き方ができるようにワークライフバランスではなくワークライフマネジメントが必要となってきます。

ワークライフマネジメントとは、仕事と私生活の両方で充実感や満足度を高めるための考え方です。

ワークライフバランスは企業側の観点（制度など）から言われるものに対して、ワークライフマネジメントとは、仕事とプライベートを従業員自らが管理しコントロールするというものです。業務の効率化や戦略的なペース配分で仕事の生産性を高めると同時に、私生活をしっかり楽しむことで、仕事への意欲や新しい発想が生まれるなど、互いの相乗効果で仕事も私生活も質が向上していくという考え方です。

無理を続けると、ストレスもたまり心身共に疲れてしまいます。最後には病気になってしまうかもしれません。

教育関係者の方々は社会の発展に不可欠な人材を育成する、崇高な使命を担っています。また、子どもたちの心に火を灯し、無限の可能性を引き出す、素晴らしい仕事です。ぜひとも自分自身を褒めて、自信を持って日々過ごしてください。

子どもたちの芽が周りの大人たちによって摘まれることなく、のびのびと育ってほしいと願います。

教育関係者の方々には、ご自身の日々の心のケアも重要であるということも忘れないでいただきたいと思います。

青山 いおり（あおやま いおり）

◆プロフィール

高校卒業後アメリカへ留学してビジネススクールを卒業しました。その後帰国して会社員となり、結婚を機に専業主婦になりました。子どもたちが大きくなりまた仕事を始めるようになり、心理カウンセラーの資格を取得しました。

今はカウンセラーの仕事の他に本を2冊執筆しました。セミナーも開催しています。

◆参考情報

[所有資格] 上級心理カウンセラー

[著書]『職場のパワハラに負けない～認知行動療法で考え方の癖を見直しパワーハラスメントを克服する方法～』／『婚活中の女性のためのセルフワーク～認知行動療法で悩みを解決して幸せな結婚をする方法～』（以上、Kindle版）

◆連絡先

①ホームページ　いおりカウンセリングルーム

②SNS　X：青山いおり心理カウンセラー

LINE：https://lin.ee/OcQSLo6Q

③メールアドレス　iori2kila@gmail.com

（HP）

（LINE）

保育者が辞めない職場づくり７つのヒント

安堂達也

◆ダメな人はいない、ダメな職場がある

人材育成と宣伝広報の専門家として、全国の幼稚園や保育園の経営指導に30年間携わってきた経験から、私には一つの確信があります。それは「ダメな人はいない、ダメな職場がある」ということです。

保育現場における離職原因は、個人の能力や適性の問題以前に、職場環境に起因することが多くを占めています。どれほど優秀な保育者であっても、適切な支援や環境が整っていなければ、その能力を十分に発揮することはできません。継続的な保育の質の維持、保護者との信頼関係の構築、職員間の連携など、すべての面で安定した職場環境が不可欠なのです。

本稿では、保育者が安心して働き続けられる職場づくりのための7つの具体的なヒントをお伝えします。これらは、私が数多くの園の改革に携わるなかで、特に効果的であった施策です。すぐに実践できる具体的な方法から、中長期的な視点で取り組むべき課題まで、段階的に実施することで確実な成果を上げることができます。

職場改革は一朝一夕にはできませんが、これらのヒントを順序立てて実施することで、着実な変化を生み出すことが期待できます。

◆1．心理的安全性を最優先に確保する

職場定着の第一歩は、**保育者一人ひとりが「ここに居ていいんだ」と感じることができる環境づくり**です。特に新任者に対しては「先輩の背中を見て覚えろ」という昭和型の指導ではなく、質問や失敗を許容する職場文化の醸成が不可欠です。

心理的安全性の確保には、具体的な施策が重要です。例えば、職員会議を発言しやすい場にするため、「間違いを指摘するのではなく、まずは受け止める」というルールを設定することや、「新しいアイデアを出した人を称える」といった方針を設けることが効果的です。

また、ハラスメント防止研修の定期開催や、困ったときの相談窓口を直属の上司以外に

設置することで、職員が自分に合った方法で助けを求められる環境を整えていくことが大切です。さらに「わからないことを気軽に聞ける雰囲気づくり」を意識的に行うことで、ささいな疑問でも相談できる職場文化を醸成します。

◆2．業務の分掌と命令系統を明確化する

職務内容と責任範囲を明確にすることは、**職場の効率と信頼性を高める基本**です。主任、学年主任、クラス担任などそれぞれの役割と権限、責任を明文化しましょう。また、業務分担表を作成し、各行事の担当者、責任範囲、実施時期を年度開始時に計画策定して明記します。

各業務への着手に際しては、事前に以下の要素を明確にします。

①業務の開始時期と完了期限 ②具体的な作業手順とチェックポイント ③判断が必要な場面での決裁ルート ④緊急時の対応手順と連絡体制

◆3．メンターシップ制度を導入する

新人職員の支援には、学年リーダーとは別にメンター制度の導入が効果的です。メンターは仕事の熟練度よりも**「性格やタイプの似た人」を選ぶ**ことで、親近感を持ちやすく早

期に信頼関係が築けるようになります。

メンター制度を成功させるためのポイントは、以下の通りです。

①メンターの選定基準の明確化と事前研修の実施 ②計画的な面談スケジュールの設定 ③具体的な指導項目とチェックリストの作成 ④メンター同士の情報交換会の定期開催

メンターは後輩の精神面の支援という役割を理解し、業務上の課題だけでなく、職場での人間関係や将来のキャリアについても話し合える機会を設けましょう。

4．キャリアパスを明確に示す

幼稚園や保育園では、一般企業のような役職昇進が限られているため、別形式のキャリアパスが必要です。そのなかで、在職年数に応じて習得すべき能力や知識を明確化し、それに基づいた成長のための道筋を示すようにします。キャリア面談では**「できていること」「これからの課題」「必要な支援」**の3つの視点から丁寧に対話を行い、職員の成長意欲を高めていきます。

キャリアパスの設計では、以下の項目を軸に構成します。

①専門的な保育技術（年齢別の保育スキル、特別支援教育など）②コミュニケーション能力（保護者対応、職員間連携など）③マネジメントスキル（行事運営、チーム統括など）④専

門資格の取得（発達障がい支援等の保育関連資格など）

◆５．定期的な研修機会を確保する

職員の成長を支える研修は、「できるときに」ではなく、**計画的に実施**します。春休みや夏休みなどを活用した集中研修、月次や週次の定期研修を年間計画の中に確実に組み込みましょう。特に、年度初めの４月と、行事の少ない時期を活用して、職員が落ち着いて学べる環境を整えることが大切です。

教職員育成のための研修プログラムの主要テーマには、以下のものがあります。

①専門知識・技術の向上「脳科学から学ぶ幼児期の発達と学び」②安全管理・危機管理「園児の命を守る救急救命講習」③対人コミュニケーション「保護者との信頼関係を築く面談技法」④保育実践力「遊びを通した主体的な学びの展開方法」⑤記録や評価「子どもの育ちを可視化する記録の取り方」⑥ＩＣＴ活用「業務効率を上げる生成ＡＩ活用術」⑦法令と制度「改訂幼稚園教育要領の理解と実践」⑧メンタルヘルス「保育者のためのストレスマネジメント」等

◆6．職場内コミュニケーションを活性化する

良好な職場内の人間関係の構築には、日常的なコミュニケーションが不可欠です。特に注目したいのは「挨拶」です。朝の出勤時に「〇〇さんおはようございます」と相手の名前をつけ加えたり、「昨日は遅くまでお疲れさまでした」とねぎらいの言葉をつけ足すといった**二言挨拶**を交わし合う職場では、職員間の関係性が良好に維持されます。

会議やミーティングを効果的に運営するためのポイントは、以下の通りです。

①明確なアジェンダの設定と事前共有 ②参加者全員が発言できる機会の確保 ③決定事項の明確化と記録 ④課題を抱えるメンバーへのフォローアップ

また、休憩を取れる時間に寛《くつろ》ぐことができるスペースを確保し、リラックスした環境で雑談が気軽にできる居場所づくりを進めてください。

◆7．感謝と称賛の文化を育てる

「できて当たり前」という風潮を改め、**職員の努力を積極的に認め称え合える文化の醸成**が必要です。「ありがとう」「よく頑張ったね」という言葉が日常的に交わされる職場では、職員の自己肯定感が高まります。

感謝と称賛の文化を定着させるためのポイントには、以下のものがあります。①先輩や管理職からの率先した感謝の表明 ②具体的な行動や成果への観察に基づく称賛 ③公平で透明性のある評価基準による業務の評価

以上の７つのヒントは相互に関連し合っています。これらを総合的に実践し、園の文化として定着させることで、保育者が安心して働き続けられる職場環境が実現できます。改革は「心理的安全性の確保」と「感謝と称賛の文化づくり」から着手することで人材育成の文化基盤を培い、そのうえでキャリアパスの整備や研修体制の確立など、中長期的な取り組みとして、焦ることなく段階的に導入していくことが大切です。

安堂　達也（あんどう　たつや）

◆プロフィール
株式会社安堂プランニング代表取締役、幼稚園☆元気塾主宰。私立幼稚園と認定こども園専門の経営指導と職員研修に従事。心理学的アプローチと実践的な広告戦略で園の経営課題を解決に導く。１９９５年の創業以来、

園児募集と人材育成に特化したコンサルティングで全国の園を支援している。著書に『園児を集める49のヒント』（民衆社）他

◆提供しているサービス内容

教諭・保育士のための生成AI活用 業務効率化研修（助成金対象研修）／学園経営者のための幼稚園☆元気塾（会場セミナー）／幼稚園☆元気塾

園児募集サロン（Online）／園児募集対策アプリ／経営相談／研修支援サイト 幼稚園研修.com

◆コンサルティング依頼者へのメッセージ

孤独な経営課題を一人で抱え込む必要はありません。創業30年の実績で培った経験と知識を活かし、先生に寄り添いながら、園児や教職員の笑顔が溢れる園づくりを共に実現します。お気軽にご相談ください。

◆連絡先

①ホームページ
幼稚園研修.com
②メールアドレス　semi@andkids.net

（HP）

苦手なタイプと良い関係を築くには

木口博文

◆あなたには、苦手と感じるタイプの人はいますか？

おそらく、苦手と感じるタイプの人（以下、苦手なタイプ）が全くいないという方はいらっしゃらないのではないでしょうか。大人同士であれば、ビジネスやご近所づき合いであっても「できるだけ関わらないようにする」「表面的な関わりでかわす」などが可能です。しかし、学校で、塾で、スポーツなどの習い事で、そこにいる子どもたちには苦手なタイプだからといって、避けたり関わらないようにしたりすることはできません。時には先生のそういった態度が他の子どもにも伝わり、子ども同士の関係を悪くしたり、いじめに発展したりすることもあります。また何より、多様な子どもたちの協働の学びの場を提供できないことにもつながります。

◆どんなタイプが苦手ですか？

私たち自身が十人十色なように、苦手なタイプも様々だと思います。

・無口な子、反応がない子、何を考えているのかわからない子
・落ち着きがない子、うるさい子、話を聞かない子、しゃべり続ける子
・ベタベタしてくる子、「ねぇ、ねぇ」と離れない子、馴れ馴れしい子
・自己主張の強い子、なんでも仕切ろうとする子、上に立とうとする子
・素直じゃない子、あまのじゃくな子、気分屋な子、嘘をつく子
・他人を批判ばかりする子、正論ばかり通そうとする子、告げ口してくる子
・不潔に見える子、すぐに手が出る子、チャラチャラしている子

こんな子たちではないでしょうか。よく思い出してみると、実はここに挙げた子はかつての私が苦手だと感じていた子です。では、どんな子がいいのかと考えれば……「私の考えを理解し、イメージ通りの行動をする子」。もちろん、そんな子はいるわけがありません。ほとんどの子は自分にとっての苦手な部分を持っているのです。

◆苦手ではない子＝楽な子？

さて、自分の苦手なタイプについて少し深めて考えてみたいと思いますが、その前に、あなたにとって「苦手ではない子」はどういう子でしょう。おそらく、『自分に都合のいい子』なのだと思います。自分に都合のいい子は、言い換えれば**『自分が楽できる子』**です。人間、楽できるなら楽をしたいものです。私たちはやはりどこかで自己中心的な面を持っているのだと思います。しかし、このような子たちばかりであるはずがありません。

◆苦手なタイプの奥にあるもの

話を戻しましょう。私たちが持っている苦手なタイプですが、これをつくっているものには**「経験」**と**「自分自身」**という二つの側面があります。

一つ目の「経験」というのは、自分の今までの経験（特に子どもの頃）のなかに出てきた子が苦手なタイプのもとになっているパターンです。

・自分が嫌な思いをさせられた子や目の前で叱られていた子
・身の周りの人やメディアを通じて、こういうのは良くないと言われていた子

などが当てはまります。自分の経験として、強い印象や継続的にすり込まれた印象がこ

れらになっています。非常にわかりやすいタイプです。

二つ目の「自分自身」という側面ですが、これも大きく二つに分けることができます。一つは、自分と性格、考え方、感じ方や行動パターンなどが真逆なタイプです。自分と似ていると親近感が湧いてきて、その子との対応に安心感のようなものが生まれます。しかし、真逆なタイプは相手の頭の中が見えない、心の中が読めない、何をしてくるかわからないといったことから不安が生じ、こちらの心に余裕がなくなります。このような子の言動には、ちょっとしたことにもビクッとなったりするものです。

もう一つは、自分自身の嫌な部分が同じタイプ、言ってみれば自分と似ているタイプです。実はこのタイプが一番多いのではないかと感じていますが、これが厄介です。自分で嫌な部分であっても「似ている」とはっきり認識していると親近感につながるのですが、それを認識できていないと「苦手なタイプ」、もっと言えば「嫌いなタイプ」になります。本当は自分自身が持っている部分なのですが、小さい頃にそれを否定され、「いい子になろう」と自分で我慢し、自分でも否定して心の奥に閉じ込めてきた感覚です。不思議なもので、自分が本来持っている感覚を出している子なのに「羨ましい」とは感じず、自分が否定されたように拒否感が生まれ、それをそのまま出している目の前の子に対して嫌悪感が生まれてくるのだと思います。そのことに自分で気づいていないために、「苦手なタイプ」よりさらに上の「嫌いなタイプ」となってしまうのです。

◆「苦手なタイプ」は自分にルーツがある

ここまで述べてきたように、苦手なタイプを漠然と捉えるのではなく、どうして自分にとって苦手なタイプなのかを知ることは、その克服にとても重要です。例えば、前述した「嫌いなタイプ」となってしまう子などは、「小さい頃に我慢させられていた自分と似ているな」と認識するだけで親近感が出てきたりします。また、「苦手なタイプの子」を認識するのは、第一印象などの比較的早い段階です。そこには先ほど挙げたどこかのルーツと一致する部分があるからです。そこがわかると、「苦手なタイプ」と決めつけずに、「苦手なタイプではないかもしれない」とリセットができます。

どのパターンの子でも実際には自分の中から出てきている、いわば自分が創り出してきた子なのです。ですから、そのパターンとルーツを認知することで「苦手なタイプ」を変えることにつなげられるのです。

◆『おもしろいな!?』のアンテナを立てる

さて、それでは私が今まで実践してきた、どのパターンの「苦手なタイプ」にも対応できるとっておきの方法をお伝えしたいと思います。それは子どもの様々な行動、考え方、感じ方、言葉遣いを**『おもしろいな⁉』**と受け取ることです。良いと思うことも、悪いと思うことも、ちょっと不快なことも、思いもよらぬことも、すべて『おもしろいな⁉』と受け取ってみるのです。

ここでは『おもしろいな⁉』の**『⁉』**が大事です。**『おっ！　はてな？』**の感覚です。賞賛、評価、否定などの感覚を脇に置き、純粋に『おっ！　はてな？』の感覚で「次はどうするんだろう」「この子の中に何が起きているんだろう」「何がこうさせているんだろう」とその子に興味・関心のアンテナを立てるのです。

興味・関心のアンテナを立てたら、答えを探すのではなく、安全に十分配慮しながらも「観察」します。自分に対して起きていないことには、第三者として観察することは比較的容易だと思います。しかし、自分に対して関わってきていることだと少し難易度が上がります。それでも『おもしろいな⁉』と自分の中で唱えてみてください。「観察」の感覚ができるようになってきます。

「苦手なタイプ」に対する「ビクビク、ドキドキ」から「苦手ではないタイプ」に対する「ワクワク、ドキドキ」に変わっていきます。是非実践してみてください。あなたならできます。

木口 博文（きぐち ひろふみ）

◆プロフィール

東京学芸大学卒業。株式会社ポイント・エフ代表取締役

２０１８年に「いっぽ塾」を開塾。コーチングなどのコミュニケーションスキルを学びながら、発達障がいや不登校の子どもたちも数多く支援してきている。教育、子育てに関する相談業務も数多く行っている。また、企業・団体に対しては新入社員やリーダー向けの研修を行っている。２０２２年より（長野県）上田市教育委員。

◆提供しているサービス内容

小中学生対象の学習支援、教育に関する各種相談・支援
保護者や各種指導者向けセミナーの講師

◆参考情報

［所有資格］
- 一般社団法人日本教育メソッド研究機構認定 Executive トレーナー
- 一般社団法人日本青少年育成協会認定アクティブラーニングプラクティショナー
- 公益財団法人日本スポーツ協会スポーツリーダー

◆講演、研修、コンサルティング依頼者・相談者へのメッセージ

これからの新時代を生きていく子どものための活動をしています。子どもたちへのメタ認知力を高めるワークショップ型授業、大人向けの講演や研修の講師について承ります。また、教育・子育てに関する教師や保護者など大人の悩み、お子さんの悩みについてもお気軽にご相談ください。

◆連絡先

①ホームページ
いっぽ塾

②SNS
インスタグラム：いっぽ塾

③メールアドレス　ippo@kiguchi.info

（HP）

（インスタグラム）

子どものやる気と能力を引き出す対話型教育メソッド〝教育コミュニケーション〟

小山英樹

◆「協働する個」を育むために

誰も経験したことのない新しい社会――Society5.0をたくましく生き、社会に貢献するためには、「個」として自立し、なおかつ多様な他者と協働する姿勢・能力を有することが必要です。

そんな大人になっていくための学びのスタイルをOECD Learning Compass 2030は**「AARサイクル」**と表現しています。児童・生徒自らが学びの主体者として「予察する（Anticipation）→行動する（Action）→省察する（Reflection）」という「AARサイクル」を回すわけです。ここで先生に求められるのは、**「引き出す・任せる・見守る」**という関わりです。

とはいえ、我が国の学校教育には、学びとは「聴く→書く→記憶する」（私は「KKKサイクル」と名づけています）ことだ、そして先生の役割は「与える・教える・させる」ことだという認識が根強くあります。その役割を、多様化・複雑化し続ける社会のなかで果たそうとすること自体が、先生を苦しめているともいえます。

先生が「与える・教える・させる」を手放し、「引き出す・任せる・見守る」ことで、児童・生徒は自ら思考し、対話し、Society5.0を生きる非認知能力を持った「協働する個」になっていきます。そして先生方も楽になります。そんな関わり方を具体化したものが「教育コミュニケーション」です。

◆「人は総である」という信念で

「引き出す・任せる・見守る」へのシフトには、児童・生徒観のシフトが必要です。

もし「〇〇が無い」存在だと見るならば、先生のコミュニケーションは当然「与える・教える・させる」になります。結果として、児童・生徒は、「与えられる・教えられる・させられる」ことを甘んじて受け入れる「依存」か、反発しようとする「逃避・他責」の状態に陥ります。そして、先生の負担や仕事は増える一方です。

教育コミュニケーションは、児童・生徒を「ありとあらゆる資質・能力をすべて持って

教育コミュニケーションの信念

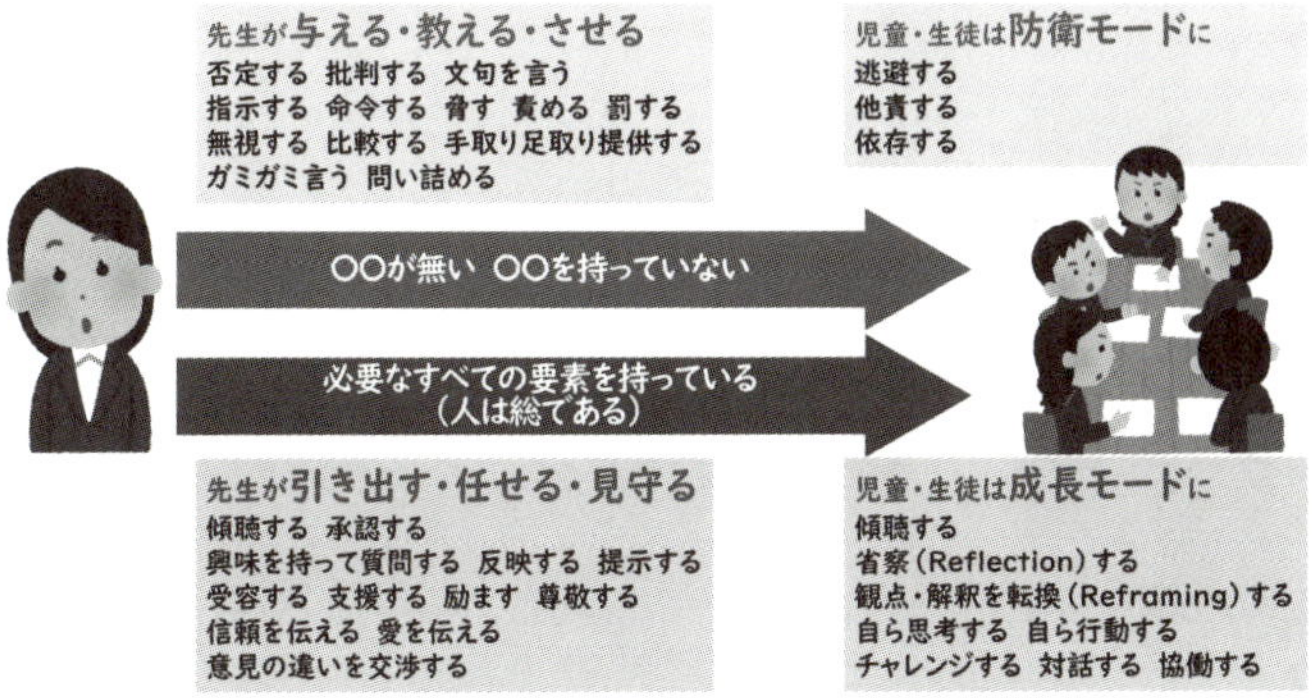

いる〝総〟である。『○○が無い』ように見える子もいるが、本人が自分の資質・能力に気づいていない、もしくは発揮していないだけだ」と見ます。「引き出す・任せる・見守る」コミュニケーションは、「**人は総である**」という信念から生まれます。

◆「5つのアクション」が引き出す「3つのRef」

「人は総である」という信念に基づいて具体的に行うのが「**傾聴・承認・質問・反映・提示**」です。「5つのアクション」と総称します。

まず「傾聴」。良いか悪いか、正しいか間違っているかという評価・判断を脇に置き、相手の言葉と心の声をそのまま受け取ります。

「承認」は、褒めることに加え、相手の存在そのものを認めて言葉で伝えることです。結果承認や行動承認だけでなく、存在承認や未来承認が大切になります。

「質問」は、興味から相手に問いかけることです。相手の心理的安全性を脅かす「詰問」を手放し、興味から問いかけることが大切です。

「反映」は、目や耳から入ってきたことや感じたことをそのまま言葉にすること。児童・生徒が自身の状態を知ることができるよう「鏡」になって状況を映し出す感覚です。

「提示」は、情報や案、さらには要望を、相手の前にポンと差し出すことです。「自分には提示する権利があり、相手にはそれを受け取る権利も拒否する権利もある」という前提で行うのがポイントです。こうしたアクションを駆使して関わることで、児童・生徒は、安全安心の実感のなかで思考と対話を重ね、①自分の持つリソースを見つけ(Reflection)、②そのリソースと情報や周囲の人・物事との関係性を考え(Reframing)、③そのリソースを使って行動変容していく(Refreshment)ことができます。①～③を総称して「3つのRef」と呼びますが、これこそが「協働する個」へのプロセスなのです。各プロセスを支援するために、論理性を重視したアプローチ、感情を重視したアプローチ、身体感覚を重視したアプローチなど様々なコミュニケーションモデルがあります。

◆まとめ――思考と対話の質＝人生の質

教育コミュニケーションを面談など「1対1」の場で行うと、質の高いコーチングが実

教育コミュニケーションの全体構造

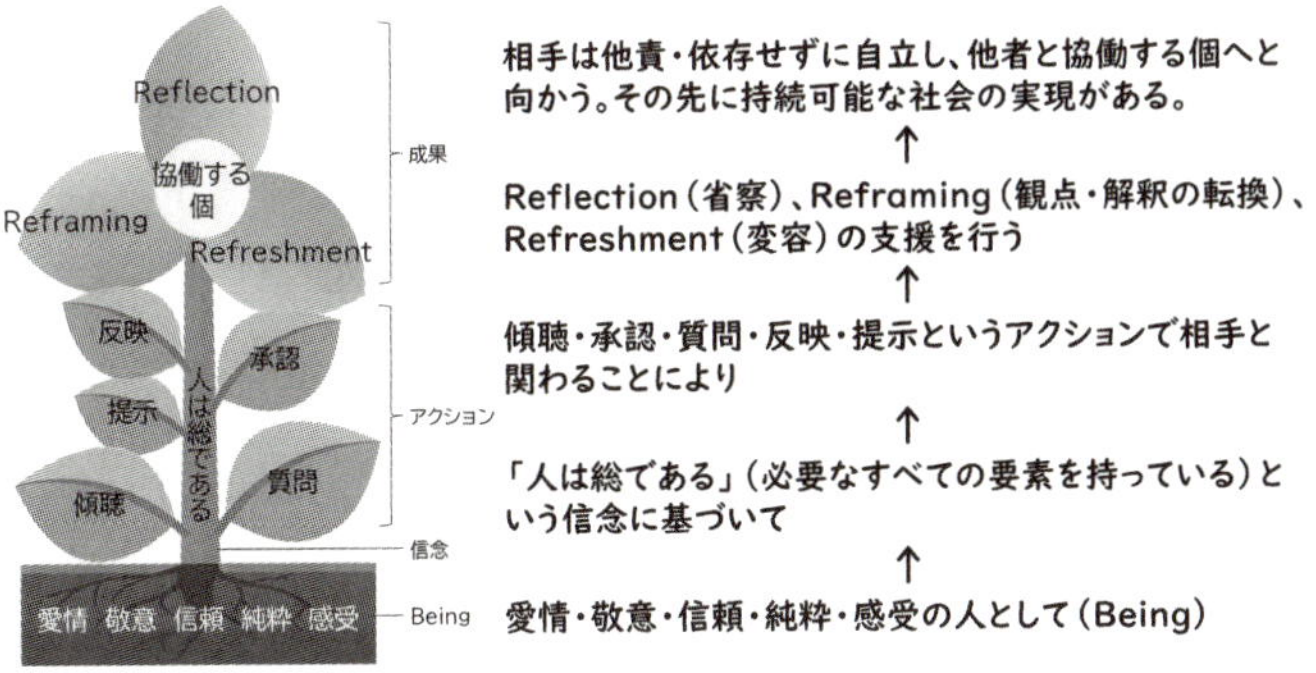
Reflection
協働する
個
Reframing
Refreshment
反映
承認
提示
人は総である
傾聴
質問
愛情　敬意　信頼　純粋　感受
成果
アクション
信念
Being
相手は他責・依存せずに自立し、他者と協働する個へと向かう。その先に持続可能な社会の実現がある。
↑
Reflection（省察）、Reframing（観点・解釈の転換）、Refreshment（変容）の支援を行う
↑
傾聴・承認・質問・反映・提示というアクションで相手と関わることにより
↑
「人は総である」（必要なすべての要素を持っている）という信念に基づいて
↑
愛情・敬意・信頼・純粋・感受の人として（Being）

現します。また、授業や部活など「1対多」で行うと「主体的・対話的で深い学び（アクティブラーニング）」になります。児童・生徒との円滑な関係を築き、やる気と能力、成長を引き出すことのできるコミュニケーションです。そして、そのことが先生の負担を軽減するとともに、自信、勇気、喜び、やりがいを高めます。

　人は、思考と対話を日々繰り返しながら生きる社会的動物です。ですから、**思考と対話の質は、人生の質そのものである**と言っても過言ではありません。先生方をはじめとする教育関係者や親御さんに教育コミュニケーションを習得・実践いただくことにより、子どもたちの思考と対話の質が高まり、社会全体の思考力・対話力が高まっていきます。先生自身、子どもたち、そして、社会全体のWell-Being実現のために教育コミュニケーションを一緒に探究していきましょう。

小山 英樹（こやま ひでき）

◆プロフィール

一般社団法人日本教育メソッド研究機構（JEMRO）代表理事

一般社団法人日本青少年育成協会（JYDA）理事・教育メソッド普及委員長

株式会社対話教育研究所　代表取締役

京都市在住

1965年京都府綾部市生まれ。私立学校教諭、進学塾社員・役員を経て現職。コーチングの有用性に早くから着目し、教育におけるコーチングのメソッドを確立。コーチ育成プログラム・能力開発プログラムを展開する一方、学校・塾・教育委員会・プロスポーツ・企業等において講演・研修活動を行う。その参加者・受講者は15万人を超える。

○執筆・メディア

『教育関係者のためのコーチングプログラム開発に関する調査研究報告書』（国立教育政策研究所）／『別冊プレジデントFamily』（プレジデント社）／『日経Kids＋』（日経BP）／『日本教育新聞』連載／『月刊 塾と教育』連載／『助けて！きわめびと』（NHK）／『スッキリ！』（日本テレビ）／『AERA』（朝日新聞社）、『PHP Business Review』（PHP研究所）／『キャリアガイダンス』（リクルート進学総研）／『就職ジャーナル』（リクルート）ほか

◆提供しているサービス内容

教育コミュニケーション講座、コーチ育成ゼミ、講師育成ゼミ、新人研修、リーダー研修、管理職研修、授業研修、面談研修、教育講演、執筆、動画配信、法人顧問、パーソナルコーチング

◆参考情報

［所有資格］
教員免許中学・高等学校国語／JEMRO認定教育コミュニケーショントレーナー Executive-GradeS／国際コーチ連盟（ICF）認定ACTP応用コース修了／米国（WGI）公認リアリティセラピー基礎講座修了／プロア（PROA）CDP・EIP10-day修了／米国NLP協会認定プラクティショナー

［著書］
『子どもを伸ばす5つの法則～やる気と能力を引き出すパパ・ママコーチング』（PHPエディターズ・グループ）／『子どもが本当の幸せをつかむ魔法のパパ・ママコーチング無限の可能性を引き出す10のカギ』（PHP研究所）／『この一冊でわかる！　アクティブラーニング』（共著・PHP研究所）／『教室改革』（幻冬舎）／『教師のコミュニケーション力を高めるコーチング』（共著・明治図書）／『教師のための「教育メソッド」入門』（共著・教育評論社）

◆連絡先

①ホームページ　対話教育研究所、JEMRO
②SNS　フェイスブック：小山英樹
https://www.facebook.com/koyamah
③メールアドレス　tabishi@taiwa-edu.co.jop

（研究所）

（JEMRO）

子どもの可能性を伸ばすことは、成熟した社会をつくること

齋藤まゆみ

子どもと学び

子どもは、生まれて成長するに伴い、多くの学びを得ています。

初めは、家庭という小さな単位から始まり、保育園や幼稚園、そして小学校と生活の範囲が広がると同時に学びも増えていきます。

子どもの学びは勉強だけではなく、遊びのなかに多く含まれていることに気づかされます。例えば、雨降りの日に長靴を履きます。道端の水たまりでジャンプして、長靴の中がびしょびしょになってしまうことがあります。そこで、濡れる、冷たいという感覚と同時に、楽しさも覚えます。あるいは、初めは一緒に仲良くレゴ®などで遊んでいるときに、自分が欲しいパーツをお友達が先に使ってしまったりして喧嘩になり、そばにいる大人か

ら注意されて、せっかくの楽しみがつまらなくなるということも大きな学びです。また、ゲーム禁止のご家庭の子どもなどは、ゲーム機を持っているお宅へ遊びに行き、楽しみと同時に、よそのお宅へ訪問するわけですから、自宅との違いなどもそれなりに観察したり発見したりするでしょう。それも子どもにとっての学びです。勉強以外の時間の子どもの時間のなかに、多くの学びが含まれているのです。

つまり、様々な出来事を通して泣くこともあれば、叱られることもあるでしょうし、あるいは喜びから達成感（子どもは自覚していなくとも）を得たりできるということです。子どもの学びは勉強だけではないということです。

その**出来事一つひとつが、子どもにとっての学びであるということを大人は理解し、受け止めることが必要**です。

◆大人（親、保護者、先生たち）の姿勢

「大人」というくくりについては、親、保護者、先生等、様々な立場で子どもを見守るという意味で、ここでは大人という表現を使います。

大人は、当然のことながら自分が生きてきた年数の経験があります。仕事や生活に限らず、大人も昔は子どもだったわけで、その間に学んだり、教わったりして経験してきた事

柄が、その人の基準になってもいます。

大人として求められることで大切なことの一つは、**他人と比較しない**ことです。これが、案外と難しいのです。他人と比べるなと急に言われても、「無理でしょう」と多くの方が思われるのはもっともなことです。

では、見方を変えて、比べるのではなく、**「違いを知る」**というように考えたら少しは納得感が出てくるのではないでしょうか。「違いを知る」ということは、もちろん、誰かとの比較はするのですが、その結果に対して、良い・悪いという評価をすることを目的にしないこと、ならないことが大きなポイントです。

例えば、自分の子どもとお友達、親戚の子ども、あるいは学校や塾などの同じクラスの子どもとの違いを大人は理解することが大切だということです。

教育の現場では、どうしても「テスト」というものがあります。その「テスト」の結果の内容をよく理解するということです。

毎回毎回満点を取る子どもは珍しいくらいで、満点の時もあれば、「どうしたんだ、この点数は？」というように驚くほどできないこともあると思います。よくできた時には褒めればよいでしょう。悪かった時に他の誰かと比較して、「〇〇ちゃんは、××点だったのに」というような捉え方をして、「だからあれほど勉強しなさいと言ったのに」というのは、ある意味禁句だと思います。「テスト」について言えば、子どもが何を理解できていて、何を理解できていないかという点に注目することが大切です。

できなかったところをどのように克服していくかということを念頭に置いて、まずは、**子どもの話をよく聞く**ことが大切です。

そして、子どもの考えと大人の考えをすり合わせて、どういう方向性にするのかを決めて、方向性が決まったら、具体的にするべきことを子どもと一緒に考えるのです。もちろん、子どもの思うがまま、考えるがままというわけではなく、大人は道筋をつけることが役割ですし、その先にある目標地点に着陸するために、不足している点を押しつけるのではなく、「こんなこともできるのではないかな？」と興味をそそるような、子どもが負担に感じないような声かけが大切だと私は考えています。

次に、大人の姿勢として挙げておきたいことですが、こちらも子どもの話をよく聞くということになります。ただし、先ほどの「子どもの話をよく聞く」とは、意味合いが変わります。今や大人も子どもも忙しい。そのなかで、子どもの話を聞きながら、**子どもの全体像を聞く**ということです。

全体像を聞くというと、少しわかりにくいかもしれません。子どもは、幼いほど、語彙が少ないものです。その代わり、身振り手振りが必ず入ってくるでしょう。場合によっては、泣いたり叫んだりして、子どもなりの欲求を大人にぶつけてきます。

忙しい大人でも、時間の調整や少し我慢をすることは子どもよりはできますよね。だから、子どもの訴えの本質は何かを見抜くことです。単に子どもの欲求を鵜呑みにするのではなく、**「この子の本当の欲求は何か」**という気持ちで話を聞いてあげることです。

少ない語彙で、欲しいものだけの要求は、ある意味、子どものわがままな部分の切り取りでしかなかったりします。忙しい大人からすれば、子どもの要求をそのまま呑んでいれば、一時は平穏無事かもしれません。しかし、子どもの要求・欲求の本質が何かということを置いてけぼりのままにしておくと、その子どもはそのまま大人になっていきます。

そんな大人が増えた社会を想像してみてください。声の大きい人が正しいとか、お金がある人が偉いなどという、歪んだ社会になると思いませんか。本当に成熟した社会とはどういう社会なのかを考えることを通して、今、大人の姿勢が問われていると考えています。

◆マナーとルール

国語指導のなかで、低学年の問題として出題されるもので、外来語を日本語に合わせると何と言うかという問題があります。大抵の子どもが間違えるのが、「マナー＝規則」と答えることです。マナーとは礼儀作法のことで、ルールは規則です。大きな違いですよね。ルールといっても法律で決まっているものもあれば、学校内のルール（規則）というように幅広い意味で使われるものです。

一方、マナー（礼儀作法）も幅広いものです。マナーは社会生活の秩序や円滑な人間関係を保つために守るべき行動規範です。相手に対して敬意を表す作法です。

残念なことに、昨今の凶悪犯罪や個人情報保護法というもののために、円滑な人間関係が築きにくくなっている世の中だと私は感じています。そのため、ルールは守って当たり前として根づいているものの、マナーについては、どこかに置き忘れてしまい、この先マナーという言葉さえなくなるのではないかとさえ感じることがあります。マナーを教えてくれる講座や、会社の社員研修などで初めて知る人も多くなってくるかもしれません。

理想を言えば、**マナーは身近な大人が子どもに伝え教えること**です。しかしながら、マナーを知らずに育った子どもは、その機会に巡り合えるかどうかで違ってきます。マナー上手は人間関係構築のうえで役立ちます。今からでも遅くありません。あるべきマナーとは、ということを考える機会になってほしいと願っています。

◆専門家によるアドバイス

子どもの発達の凸凹は誰にでもあります。人間社会で暮らしていれば、他人と比べるのは自然の理かもしれません。発達の凸凹は、今や多様性の時代のなかで、比較的受け入れられてきていると思います。どういう発達が良いかということも人それぞれですから、一応の目安はあっても、絶対というものはありません。

そこで、大人が「この子どもは何か違うな」と感じてあげることも大切です。それをインターネット等でさっと調べて、「こうすればいい」とか「それは○○症候群らしい」と判断し、決めつけるのではなく、専門家の意見を聞いたり、お世話になっている周囲の大人たちに気軽に相談してみることをおすすめします。

また、公的機関においては、スクールカウンセラーや小児精神科などの相談窓口があります。もちろん、個人が特定されるのを嫌がる大人もいるとは思いますが、思い悩んでいる時間があったら、思いきって専門家のアドバイスをいろいろと聞きに行くことをおすすめします。専門家に教えてもらうということは、**「うちの子どもにはどんな個性があるのか」**ということを知る絶好の機会なのです。知人・友人に相談して解決する場合もあるかもしれませんが、専門家以外の人への相談は大人の単なる自己満足であったり、噂話に花が咲くだけです。それは避けたいですよね。

最後になりますが、これまで述べてきたことは、既に語り尽くされてきたことかもしれません。この機会に、これからの子どもたちに何を託すかと言われたら、それは成熟した社会の創成ではないかと考え、まとめ直してみました。

齋藤 まゆみ（さいとう まゆみ）

◆プロフィール

１９５９年生まれ。盛岡市出身。岩手県立大学盛岡短期大学部卒業。放送大学で社会学、心理学を学び、その後、筑波大学大学院人間総合科学研究科科目履修。出版社、コンサルタント会社勤務の後、結婚を機に教育業界に携わる。

◆提供しているサービス内容

主に中学受験を志す小学生への国語指導、模試の添削指導。ご家庭への教育相談、アドバイス等。キャリアカウンセリング、メンタル強化アドバイス、講演活動等

◆参考情報

［所有資格］産業カウンセラー、認定心理士
［著書］『中学受験　国語ならこの一冊！　国語力を身につけて、上位クラスにランクイン！』（ギャラクシーブックス）

◆講演、研修、コンサルティング依頼者・相談者へのメッセージ

個人の方、少人数など規模は問いません。テーマを一緒に決めてご要望に応じたいと思います。

ホームページまたはメールにてご連絡ください。

◆連絡先

①ホームページ
　国語の頭脳教室
②メールアドレス　smayu0301@gmail.com

（HP）

「子ども期」を〝子ども〟として生きられる社会へ

武輪敬心

◆出会い

「こんにちは。はじめまして。〝たどうけいこう〟（多動傾向）の〝たけわけいこ〟（武輪敬心）です。すぐうろちょろするので、声をかけてください。よろしくお願いします」

これは、私がスクールソーシャルワーカーをしていたときの、学校での「初めまして」の挨拶です。

私自身、一度高校を中退して、何年も遅れて定時制高校に入学した経験を有します。私は中学2年生の頃、急に朝、起きづらくなり、その後、学校へもあまり通えなくなりました。高校へ進学したものの、やっぱり朝起きることができず、1年生で自主退学しました。そんな私が再び「学校」とつながったのは、それから数年後のことです。地元の定時制高校で私よりうんと若い同級生がほとんどという中で、二度目の〝高校生〟を経て、大学へ進学しました。「とりあえず〝高卒〟！」というくらいの気持ちで定時制の門をくぐった私が大学へ進学したのは、定時制の仲間、先生との出会いがきっかけでした。

◆忘れられない、忘れない

生きていると、忘れられないことや人、物っていろいろありませんか？　私は、ソーシャルワークの専門家（社会福祉士）ですが、なぜこの道に流れ着いたのかと、ふと考えることが間々あります。

そんな時に最初に思い出すのは、一度目の高校生をしていて、友人が別の友人を連れて私の家に遊びに来たときのこと。その友人の友人に、別れ際、「気をつけて帰ってね」と私が言ったら、その子が涙目になり、「なんで私にそんなこと言ってくれるの？」と言いました。その言葉が、その子のことが、ずっと私の胸の隅っこにあって、うん十年も経った今でも時折、思い出されます。彼女は、幸せにしてるかなと。

彼女のことを鮮明に思い出すようになったのは、定時制高校の同級生と出会ってからです。同級生の中には、親からの暴力で顔から出血したまま登校してくる子や、いろいろな事情から不登校を経験した子がいたり……。私が見てきた世界とは違う世界がたくさんあるのかもしれないということを知った頃から、彼女のことをそれまで以上に鮮明に思い出すようになりました。彼女や様々な困難のなかで生きる同級生のような人たちと関われる仕事に就きたいとの思いから、大学へ進学して、教員免許と社会福祉士資格を取得しました。

私の同期では、４年制大学への進学は私のみ、短期大学への進学は私の友人が一人のみで、40名弱の生徒の中で2名が進学しただけでした。私に、自分にも大学を目指すことができると思わせてくれたのは、ある先生との出会いがあったからです。「うち（定時制）から４年制大学なんて無理」と、ほとんどの先生が思っているなかで、「武輪にならできる」「絶対に大学へ行け」と、その先生は大学合格まで伴走し続けてくれました。私は、その先生のことを今でも〝第二のお父さん〟と呼んでいます。

こんなふうに、私は多様な**〝忘れられない〟〝忘れない〟を経験**してきました。

◆知ること、知り合おうとすること

さて、話は変わりますが、〝起立性調節障害〟という疾病をご存じですか？　私の娘が中学2年生の頃、突然、朝礼中にめまいがして倒れてしまったり、朝、起きづらくなったりして小児科を受診し、〝起立性調節障害〟と診断されました。起立性調節障害は、思春期の特に女の子に多い疾病だそうですが、それまでふつうに過ごしていた日常が突然失われてしまったり、また、まだ十分に認知されていなかったりと、周りからも理解を得にくいなどの様々な困難を抱えることが多い疾病です。そうなんです、実は私が中学2年生の頃、同じような症状で突然学校に通えなくなったのも、この疾病が原因だったんですね。当時の医療では、まだわかっていなかったために、私も家族も、起立性調節障害と診断されるようになってきた現在より、何が何だかわからない、ただの怠惰かと思って相当しんどい思いをしたように思います。

この経験もあってか、私は、**自分の心や身体のことを適切に知ることはとても大切なことであり、また、自身とどう向き合うかということは、他者との関係性を構築するうえでも重要なこと**だと考えています。私がスクールソーシャルワーカーをしていた頃、自分や自身の子どもの病気や障がいを知ることをすごく怖がったり、どうしても受容できないと思っている方たちともたくさん出会いました。今、自分はどういう状態なのか、どんな気持ちなのか……。きちんと知れば、対応できるんですよね。怖がらないで少しずつ知っていきませんか、とお話ししてきました。

逆に、知らないことって、人間の性《さが》として〝怖い〟んですよね。知らないこと、わからないことが〝怖い〟につながり、〝怖い〟が否定や攻撃につながると思います。自分のことも、他者のことも、あるいは多様な文化、国や地域、信教、そしてどんどん変わっていく世界のことも、〝理解できる／できない〟は、とりあえず置いておいて、まずは、**常に知り合おうとすることがとても大切**だと思います。

◆ライフワーク

このところ（10年くらいになるでしょうか）の私の「モチベーション」はというと、半径5メートルくらいのごく身近な〝なんかモヤモヤする、ちょっと息苦しいかも……〟を、〝ちょっぴり楽に呼吸できるかも〟に、少しずつ変えていけたらいいなぁというものです。

私のライフワークは、10代（おおむね高校卒業未満）で出産し、その後、子どもとの暮らしを経験した（あるいは経験している）女性たちと直接会って、彼女たちから自身のライフコースについての語りを聞くことです。私のモチベーションと話を聞くことは、深く結びついています。他者と向き合おうとするとき、自ずと自身との対話が必要となります。そんなふうにして、自分を大切にしながら、他者も大切にしていきたいなと思っています。

◆私たちですべての子どもたちに〝子ども期〟を保障していきましょう

さて、２０２３年４月に施行された「子ども基本法」では、子どもの定義を「心と身体の発達の過程にある人」を「子ども」と定義しています（従来の定義は18歳未満）。

その人がその人らしく、自分自身の暮らしを選び取っていけるように、私はできる限り、子どもたちと時間・空間・経験を共にしたいと思っています。時間をかけて、互いにゆっくりと知り合っていくという姿勢が身についたのは、福祉や教育の現場を経験したことにあります。

例えば、なんとかしてあげたいと思うような日常を生きている子どもが目の前にいたとしても、それは、自分自身の価値観に基づくものであって、その人、その子自身が、なんとかしたいと思うのを私たちは根気強く待ち、伴走し続けるしかないのです。**人は誰しも、生きてきたようにしか生きられません。**自身を変えることは容易ではありません。しかし、それ以上に、**他者を変えることは容易《たやす》くない**のです。

誰かと共にあろうとするとき、まずは、「人のために」という感覚をできる限り手放していくことが必要ではないかと思います。私たちに何ができるか、対話をもとに、共に考え、行動していきませんか。

武輪 敬心（たけわ けいこ）

◆プロフィール

奈良女子大学人間文化総合科学研究科社会生活環境学専攻博士課程修了（博士：学術）。スクールソーシャルワーカー、保育者養成校教員、自立援助ホーム運営委員などを経て２０２２年～大学教員。大学勤務の傍ら、ＮＰＯ子どもソーシャルワーク ONE TEAM の理事として社会的困窮にある家庭へのアウトリーチ活動、地域の人たちとネットワークづくり。

［主な資格］社会福祉士、公認心理師、キャリアコンサルタント、保育士

◆提供しているサービス内容、メッセージ

子ども・家庭のサポーターになりたい人たちを対象とした研修、民生児童委員の方などの研修の講師、フィールドワークをはじめとした調査研究を行い、子ども・家庭を取り巻く環境の諸問題などをエビデンスに基づき社会に広く発信。一人ひとりが尊厳あるライフコースを送れる社会の構築に向けて協働できる皆さんとの出会いを楽しみにしています。

◆連絡先

①ホームページ　ＮＰＯ法人こどもソーシャルワーク ONE TEAM
②ＳＮＳ　フェイスブック：ＮＰＯ法人こどもソーシャルワーク ONE TEAM
③メールアドレス　codomo1st@gmail.com

（ＨＰ）

「こどもソーシャルワーク ONE TEAM」ロゴ

教師の「余裕」で子どもは変わる

カウンセリングルーム虹の輪っか 代表　谷村美枝

1．子どもの置かれている現状

①ストレスだらけの学校と家庭

現在、教員数の不足による教師の負担が増えています。そしてまた、経済的な不安のなか、働き詰めで疲弊しきっている親も多くなっています。教師や親、その他、子どもに関わる多くの大人が、子どもに目と心を向け、心の通った関わり、そういう有意義な温かい時間を取ることが理想だとわかっていても、実践はなかなか難しいのが現状です。

②「悪循環」がさらに子どもを苦しめる

そのままの自分を見てくれる人、受け入れてくれる人がいないと、子どもは愛情を感じることができず、ストレスを抱えます。そして心身の活力は失われ、自分に自信が持てず心を閉ざしてしまいます。そうなると、周りの人や自分自身を責めたり、攻撃したりということが出てきます。それが、不登校やいじめなどの問題へとつながっていくのです。そうして親や教師は、その対応にも追われ、ますます疲弊し、目の前の子どもと余裕を持って向き合うことができないという悪循環が起こってきます。

◆2．大人の「余裕」が子どもを変える

子どもの問題は、周りの大人が心身に余裕を持てるようになることで解消に向かいます。そのために意識していただきたいことがあります。

①大人も自己肯定感を高める

自己肯定感が高い状態とは、自分の良さも、反対にダメと思う自分も、どちらも認めて受け入れられること、**「あるがままの自分」を大切に思える状態**を言います。特に教師は、子どものお手本となるような立派な自分でなければならない、という意識が強い方が多いのではないでしょうか。ダメと思う自分を見せないようにしながら、緊張感を持って子どもや周りの人と接している方は少なくないと思います。しかし、教師も人間です。苦

手なこと、失敗することもあります。ダメと思う自分、情けないと思う自分がいて当然です。それを、まずは自分自身が認めて受け入れてあげてください。そうすることで、自分に対してゆとりが生まれ、子どもや周りの人のあるがままを受け入れられる包容力につながります。

先生方もぜひ、自分への縛りを外し、より、あるがままの自分で生きていってください。子どもは、あるがままの自分で接してくれる大人には、あるがままの自分を見せることができます。自分のすべてを受け入れてくれる大人には、安心して心を開くことができます。そうすると学校は、ますますお互いを認め尊重し合える、優しく穏やかな、安心安全な場所になります。

②大人も心身を整える

忙しさのあまり、自分の心身のケアがおろそかになってはいないでしょうか。自己犠牲にならぬよう、心も身体も同じように優しくしてあげることが大切です。

まず、身体を整えるために、栄養バランスの良い食事と適度な運動、それから、睡眠の質と量も見直してみてください。そして、心を整えるには、今考えていること、感じていることを紙に書き出すジャーナリングや、目を閉じて思考を手放し、周りの音や自分の呼吸に意識を向けるマインドフルネスもおすすめです。

自分を整える時間を確保しないと、疲れやストレスはどんどん蓄積されてしまいます。自分の状態を把握できるのは自分しかいません。**周りの大人が自分自身も大切にし、笑顔で過ごせることが、子どもの問題を解消させていきます。**

◆3．子どもの問題への対応

①共感することの大切さ

周りの大人に心の余裕が生まれることで、子どもに対しても余裕を持った見方や考え方、対応ができるようになります。

まず、子どもと接するときに大切にしていただきたいのが、**子どもへの「共感」**です。子どもの話を聞くとき、大人はつい、子どもの話を遮って口を挟んだり、自分の価値観で意見やアドバイスをすることが多いです。そうすると子どもは、心が消化不良を起こし、否定されたような感覚を覚えます。そういう状態が続くと、子どもは自分の考えに自信が持てなくなり、正解や正しさを自分の外側に求めるようになってしまいます。また、自分に生じる感情も否定したり、見ないふりをして、自分を表現することも怖くなってしまいます。またはその反対に、自分を守ろうと相手を攻撃することもあります。

だから、まずは最後まで子どもの話をしっかり聞いて、子どもの心をそのまま感じ、「それは、悲しかったよね」「それは、頭にくるよね」「それは、嬉しかったね」などと伝えてあげてください。子どもは、共感してもらうと、そのままのどんな自分も受け入れてもらえたという安心感と、自分への自信を持つことができます。

もし、何か意見やアドバイスがあるとしたら、情報として与えるくらいの感覚でいてください。「こういう考え方、やり方もあるよ」「○○さんは、こういう状況で、こんな気持ちだったのかもね」などと話してあげると、子どもは、視野を広げたものの見方、考え方が身につきます。このように、子どもを主体とした対応をすることで、子どもは、自分の望む人生を自ら創造していける、すなわち、本物の自立を手にすることができます。

②問題の根本原因を知る

次に、子どもの問題行動の裏にある、**根本原因に目を向けて**いただきたいです。子どもが問題を起こすと、大人は子どもに対して叱責したり罰を与えて、自分が正しいと思うほうに導こうとしてしまいます。しかし、問題と思える言動には、必ず子どもなりの理由と原因が存在します。たとえ自分の価値観と違っていたとしても、まずは、子どもの奥にある気持ちを知り、受け止めてあげてください。そして、背景にある、子どもを取り巻く問題にしっかりと目を向けてください。表面上の言動だけを叱っていては、子どもはますます、理解されない苦しみ、怒り、悲しみを増幅させてしまいます。これでは、根本的な問題解消にはつながりません。

◆４．連携しサポートし合う必要性

親、教師、さらには国、教育機関、サポート機関と、それぞれの場所、立場で、子どもの問題解決に向けて尽力しています。しかし、問題は複雑に絡み合っていて、子どもによって、背景にある問題の原因は様々です。それぞれの置かれた場所からだけでは見えないことも多いです。

問題をそれぞれが抱え込むことなく、子ども自身が本当に望むゴールを共有し、連携し、サポートし合いながら、柔軟に対応していくことで、より早い解決に向かうと思っています。

谷村 美枝（たにむら みえ）

◆プロフィール

熊本県出身。福岡教育大学卒業。小学校課程数学科専攻。中学校講師、特別支援学校講師、特別支援学校寄宿舎指導員、七田式教育講師など教育現場での経験を積む。

心理学、人間学、脳科学、教育学などからの知識と、自身の自己肯定感を上げてきた経験、我が子二人の不登校を乗り越えた経験を活かし、自己肯定感を高め、本来の自分を取り戻して悩みを解消していく「自己肯定感アップカウンセラー」として活動中。

◆提供しているサービス内容

・カウンセリング
・オンラインセミナー
・講演会
・サロンの運営

◆参考情報

[所有資格]

・一般財団法人日本能力開発推進協会認定　メンタル心理カウンセラー
・一般財団法人日本能力開発推進協会認定　上級心理カウンセラー

・一般財団法人日本能力開発推進協会認定　ポジティブ心理学実践インストラクター
・一般財団法人日本能力開発推進協会認定　カラーセラピスト
・小学校、中学校、高等学校教諭一種教員免許（数学）
・七田チャイルドアカデミー講師免許

◆講演、研修、コンサルティング依頼者・相談者へのメッセージ

・自身の自己肯定感を高める考え方と方法（大人向け、子ども向け、年齢に合わせます）
・子どもの自己肯定感を高める考え方と対応のしかた
・子どもの心を開く言葉かけや対応のしかた
・不登校問題を解消させる考え方と対応のしかた（大人向け・子ども向け）
・いじめ問題を解消させる考え方と対応のしかた（大人向け・子ども向け）

等についての講演会、セミナーの依頼、その他ご相談がありましたら、お声がけください。

◆連絡先

①ホームページ
福岡 女性と子どものためのカウンセリングルーム虹の輪っか ～ nijinowakka ～
（HP）

②ブログ
福岡 女性と子どものためのカウンセリングルーム虹の輪っか ～ nijinowakka ～（アメーバブログ）

③メールアドレス　tmtsr77@yahoo.co.jp

ＩＴ技術も受験も先んじて優秀な環境で学ぶことが健全な育成の前提

一般社団法人 BOSS-CON JAPAN PHP 技術者認定機構 理事長
一般社団法人 Python エンジニア育成推進協会 代表理事　吉政忠志

◆今の子どもたちが憧れる職業とは？

今の小中学生の男子の「将来就きたい職業」の第1位は「サッカー選手」です。では、第2位は？　「野球選手」でも「ユーチューバー」でもありません。「エンジニア、プログラマー」です。中学生に限れば、男子では第1位、女子でも第8位にランクイン*注していま す。子どもたちが夢中になるテレビゲーム、オンラインゲームを作っているのはエンジニアやプログラマーですし、将来的に独立しやすく、仕事を長く続けやすいことも影響しているのでしょう。「エンジニア、プログラマー」は、今の子どもたちにとって憧れの職業になっているのです。

（＊注）アデコ株式会社『小中学生が選ぶ「将来就きたい職業」ランキング』（２０２４年）より

◆早期のプログラミング教育が子どもたちの可能性を広げる

エンジニアやプログラマーになるには、「プログラミング言語」を学ぶ必要があります。向き・不向きもないことはありませんが、才能よりも重要なのは、**子どもの頃からプログラミングに触れているかどうか**です。早くから学べば、子どもはそれが得意だという認識を持つようになり、学習が楽しくなります。褒められる機会も多くなり、自己肯定感も高まります。

すると、親や先生から言われなくとも自分で積極的に学ぶようになります。実際、世界のＷｅｂサイトの約８割で使われているプログラミング言語であるPHPや、ＡＩやデータサイエンス、ＤＸに欠かせないプログラミング言語であるPython（パイソン）を学ぶ小中学生が増えています。私が代表を務める団体の技術認定試験でも、社会人に交じって中学生の合格者が出始めています。彼ら・彼女らの中から、将来、世界が驚く製品やサービスを生み出すエンジニア、プログラマーが誕生するかもしれません。

たとえエンジニアやプログラマーを目指さなくても、将来に役立つ能力が身につきます。プログラミングを学ぶと筋道立てて考えることが習慣になり、論理的思考が自然と身につきます。ビジネスはもちろん、多種多様な人とのコミュニケーションが必要になるこれからの世の中では、**ロジカルシンキングは必須の能力**です。また、日常生活とは異なる思考回路を使うことが発想の幅を広げます。海外で様々な考えの人と接することが受容力を高めるように、人格形成の面でもプラスになると私は考えています。

◆自主性を尊重することが子どもの自己決定力につながる

プログラミングを早い段階で学べるようにすると同時に、**子どもの自主性を尊重すること**も大切です。私には娘と息子がおり、幼稚園入園前から早期教育に取り組みましたが、決して強制や詰め込みはしませんでした。子どもたちの関心や興味を優先して、幼稚園も自分で選ばせたくらいです。本人の希望で塾にも通わせましたが、一緒に釣りをしたりスポーツをしたり絵本を読んだり、興味を持ったことはなんでもやらせました。二人にとってみれば勉強もその一つで、「新しい何かに触れられる楽しい活動」と捉えていたと思います。

それが良かったのだと思いますが、娘は高校生の時に全国学生絵画コンクールで学年別の日本一になり、息子は小学生の時に毎日新聞社主催の読書感想文コンクールで、3年連続で学年別の日本一になりました。現在、娘は美術大学で絵画を学び、息子は大学生ながら、社会人も参加する大手広告代理店主催のビジネスコンテストでセミ・ファイナルまで勝ち残ったことで自信をつけ、卒業後はマーケティングの世界に進むと決めているようです。自分で自分の道を定める自己決定力を身につけてくれた点で、自分の教育はまずまず成功したのかな、と感じています。

◆「大人と同じレベル」が子どものやる気を引き出す

では、子どもがプログラミングに興味を示した場合、どうすればいいのでしょうか。近年は学校でもプログラミングの授業がありますが、それだけでは質・量ともに十分とはいえません。現在は通学やオンラインで、子ども向けのプログラミング教室が多数開校しています。プログラミングは体系立てて学ぶことが重要ですから、そうした教室を利用して、講師から添削やフィードバックを受けながら学習を進めるのが最もおすすめです。親子で一緒に学ぶケースも少なくありません。

また、中学生や高校生など自主的に学習できる場合は、『ハイスクール Python』という Python プログラミングを体系立てて学べる無料の学習教材を公開していますので(https://high-school-python.jp/)、これを利用するのも一つの方法だと思います。高校生向けではありますが、小学生でも中学生でもプログラミングを始める方向けの教材です。

いずれの学習方法でも**「目標」を設定する**ことが大切です。具体的には検定試験の合格を目指すのが最も効果的だと思います。PHPでもPythonでも、初級から上級まで学習段階に応じた検定試験があります。まずは初級からスタートして、いずれは上級の合格を目指すのがいいと思います。「ここまでできたら十分ビジネスに使える」というレベルに設定した試験ですから、本物の実力が身につきます。社会人でも簡単ではありませんが、中学生や高校生が合格すれば、社会でも認められる実績になります。子どもたちにとっても、大人と同等の試験にチャレンジすることは、やる気を掻き立てる目標となるでしょう。

◆私たち大人が今の子どもたちに与えられるものとは

私自身も、子どもの頃から大人と同じ水準に触れる教育を受けてきました。ある上場企業の管理職だった私の父は、私が進学先を決める際など、何かにつけて「企画書を出せ」と言うのが常でした。「自分の思いだけを書けばいいんじゃないんだぞ」と指導されるのですが、子どもは自分の思いしか書けませんよね（笑）。しかし、繰り返すうちにだんだんと物事を客観的に捉えて企画書に表現できるようになりました。そのおかげで、私は新入社員の時点で相手を動かす企画書の書き方を身につけていました。そして、自分から改善や新規事業の企画書を出し続けた結果、入社したＩＴ企業で目立った実績を上げ、外資系に転職してからも自分の考えた企画を次々と形にできました。自分の会社を作り、複数の技術認定団体の代表を務め、さらには上場企業の経営の舵《かじ》取りをしているのも、父の教育がベースになっていると感じています。

社会の変化の波が激しさを増す時代だからこそ、子どもたちを早くその波に触れさせて、荒波の中を自分で泳げる力を養うことが必要だと思います。**プログラミング教育はその最適な方法の一つ**です。その力があれば、今の大人が到底たどり着けないところまで子どもたちは自分で泳いでいくでしょう。そんな未来につながる教育だと自信を持っておすすめします。

吉政　忠志（よしまさ　ただし）

◆プロフィール

一般社団法人 BOSS-CON JAPAN　PHP 技術者認定機構 理事長
一般社団法人 Python エンジニア育成推進協会 代表理事

１９６９年、東京都生まれ。大学卒業後に日系ＩＴ企業に就職し、26歳の

時に外資系ＩＴ企業に転職。卓越した企画力と実行力により31歳でマーケティング部門長、34歳で事業担当 Director に就任。２０１０年、国内初のマーケティングアウトソーシングの専門会社である吉政創成株式会社を設立。一般社団法人 PHP 技術者認定機構、一般社団法人 Python エンジニア育成推進協会をはじめ、複数の組織を設立及び代表を務め、エンジニア教育の普及を推進。２０２４年９月には、東証スタンダード上場のプライム・ストラテジー株式会社の代表取締役に就任し、事業運営の面でもさらに活躍している。

◆提供しているサービス内容

全世界の約８割で稼働する「PHP」や、ＤＸや人工知能で重要な役割を果たしている「Python」といったプログラミング言語のスキル認定試験の実施と、学習教材、スクールの認定、各種情報発信を通じて、ＩＴ教育の普及と技術向上の機会を提供している。

◆参考情報

[その他の役職]

プライム・ストラテジー株式会社 代表取締役

吉政創成株式会社 顧問

一般社団法人 BOSS-CON JAPAN 代表理事

Rails 技術者認定試験運営委員会 理事長

一般社団法人日本ネットワーク技術者協会 代表理事

[著書]

『ＩＴエンジニアのための企画力と企画書の教科書』（マイナビ出版）

◆講演、研修、コンサルティング依頼者・相談者へのメッセージ

私が代表を務めるPHP技術者認定機構とPythonエンジニア育成推進協会では、プログラミング言語を学んだことがない教育者の方々に向けた教え方のセミナーを無料で開催しています。知識やノウハウが身につくとともに、先生方同士のネットワークもできます。教育者の方々に向けた「学割」や優待キャンペーンもご用意していますので、ぜひご活用ください。詳しくは、各団体のＨＰをご確認ください。

◆連絡先

①ホームページ
PHP技術者認定機構
Pythonエンジニア育成推進協会
②ブログ
吉政忠志のベンチャービジネス千里眼
③ＳＮＳ
Ｘ：@_yoshimasa
④お問い合わせ　Pythonエンジニア育成推進協会　お問い合わせ先窓口

（お問い合わせ）　（python）　（PHP）

〈編者プロフィール〉
次代を担える「自立した子ども」を育む会
2024年6月に発足した「次代を担う自立する子どもの育成」のために日夜努力を惜しまない教育者・コンサルタント等が集う有志の会。現在、書籍の制作をメインに活動を展開。事務局は有限会社イー・プランニング麹町オフィス内にある。
https://eplanning.jp/

子どもが自ら夢を叶える力を育む「子育て法」42選
教育スペシャリスト・子育て/教育現場を支援するスペシャリストからのアドバイス

2025年4月21日　第1版第1刷発行

編　者　　次代を担える「自立した子ども」を育む会
発　行　　株式会社ＰＨＰエディターズ・グループ
〒135-0061　東京都江東区豊洲5-6-52
☎03-6204-2931
https://www.peg.co.jp/

印　刷
製　本　　シナノ印刷株式会社

ISBN978-4-910739-71-7